जीवन जीने की कला

जीवन जीने की कला

परम पावन दलाई लामा

संपादक

रेणुका सिंह

प्रभात
प्रकाशन

प्रकाशक
प्रभात प्रकाशन प्रा. लि.
4/19 आसफ अली रोड, नई दिल्ली–110002
फोन : 011–23289777 • हेल्पलाइन नं. : 7827007777
इ–मेल : prabhatbooks@gmail.com ❖ वेब ठिकाना : www.prabhatbooks.com

संस्करण
2025

पेपरबैक मूल्य
दो सौ पचास रुपए

मुद्रक
नरुला प्रिंटर्स, दिल्ली

JEEVAN JEENE KI KALA
by His Holiness Dalai Lama

Published by **PRABHAT PRAKASHAN PVT. LTD.**
4/19 Asaf Ali Road, New Delhi-110002

ISBN 978-81-7315-603-8

₹ 250.00 (PB)

स्व. लामा येशे की स्मृति में
जिन्होंने मुझे सिखाया कि
धैर्य ही वास्तविक आत्मज्ञान है,
जिसके फलस्वरूप मैं आज भी
प्रसन्न एवं संतुष्ट हूँ।

आभार

धर्मोत्सव व्याख्यानों को एक बार फिर संकलित करने के लिए अपने आध्यात्मिक गुरुओं—परमपावन तेनजिंग ग्यात्सो, चौदहवें दलाई लामा और आदरणीय लामा झोपे रिनपोचे की अनुमति एवं आशीर्वाद पाना मेरे लिए महान् गौरव की बात है। उनकी अपरिमेय कृपा और स्नेह के लिए मैं हृदय से उनका धन्यवाद प्रकट करती हूँ। परमपावन के निजी कार्यालय के तेनजिन गेचे तेथांग, ल्हाकदोर-ला और तेनजिन तकल्हा का सहयोग व सहायता बहुमूल्य हैं। जवाहरलाल नेहरू विश्वविद्यालय के सहकर्मियों के सहयोग के लिए मैं उनकी भी कृतज्ञ हूँ।

तुशिता केंद्र के सभी सदस्यों को उनके द्वारा दिए गए प्रोत्साहन और परामर्श के लिए धन्यवाद एवं कृतज्ञता। मैं आदरणीय येशे चोडरोन, डॉ. जैकी टार्टर, रोजर कुनसांग, क्लेअर इसिट, मार्सेल बर्टल्स, फ्रांसेस शेनकर, सूसी रॉय, जॉन महोनी, डेरेक गोह, ब्रूनो फ्यूरर, रंजीत वालिया, सुनील सूद, चौधरी, भंडारी, माथुर, झालानी (सभी दंपती), साधना कुमार तथा सतीश नंदा—इन सबकी विशेष रूप से ऋणी हूँ।

अपने डॉक्टरल विद्यार्थियों, विशेष रूप से सारा जयाल साहनी का सहयोग पाना मुझे हमेशा सुखद लगता है।

अंत में सुख-दुःख में सदैव साथ देने के लिए अपने पिता प्रीतम सिंह और अमेरिका स्थित मेरे परिवार—द पॉल्स—का कोटिशः धन्यवाद।

—रेणुका सिंह

प्रस्तावना

तुशिता महायान ध्यान केंद्र की स्थापना स्व. लामा येशे तथा आदरणीय लामा झोपे रिनपोचे, जो वर्तमान में उसके आध्यात्मिक निदेशक हैं, ने की थी। सन् 1950 के दशक में तिब्बत पर आई त्रासदी और कई निर्वासित तिब्बतियों के भारत व अन्य स्थानों पर बस जाने के बाद तिब्बती बौद्ध धर्म की सभी धाराओं, जो अपनी आध्यात्मिक धरोहरों को सुरक्षित रखने हेतु प्रयासरत हैं, के लिए हमारे महागुरु परमपावन दलाई लामा प्रेरणा के स्रोत रहे हैं। लामा येशे के अनुसार, दिल्ली के 'तुशिता केंद्र' की स्थापना के पीछे जहाँ एक तरफ तिब्बतियों के प्रति दरशाई गई उदारता और सहयोग के लिए भारतवासियों के प्रति कृतज्ञता रही है वहीं दूसरी तरफ भगवान् बुद्ध एवं अन्य महान् आत्माओं की पुण्यभूमि को नमन करने की पवित्र भावना रही है।

तुशिता की यह पच्चीसवीं वर्षगाँठ है। तुशिता प्रतिवर्ष धर्मोत्सव के अवसर पर प्रवचन आयोजित करता है, जिसमें परमपावन दलाई लामा बौद्ध धर्म पर व्याख्यान देते हैं। यही स्व. लामा येशे का स्वप्न था। पिछले पच्चीस वर्षों में ऐसे सत्रह धर्मोत्सव आयोजित हुए हैं।

यह पुस्तक धर्मोत्सव प्रवचनों के संकलन 'रूपांतरित मन' की अगली कड़ी है। 'चार महान् सत्य' नामक व्याख्यान, जो संभवतः '80 के दशक के किसी आरंभिक वर्ष में दिया गया था, को छोड़कर इसमें सम्मिलित सभी व्याख्यान वर्ष 1999 और बाद के हैं। 'बौद्ध मत में चार सूत्र', 'छह पूर्णताओं के माध्यम से स्व-विकास', 'नकारात्मक भावनाओं पर विजय पाना' और 'समचित्तता का विकास' आदि सब निर्वाण का मार्ग प्रशस्त करते हैं।

परमपावन ने अपने व्याख्यानों में, भगवान् बुद्ध ने 2500 वर्ष पूर्व जो सिखाया था, उसे अधिक सुगम और प्रभावी बनाने के लिए आधुनिक परिप्रेक्ष्य प्रस्तुत किया है। विषय के विश्लेषण और व्याख्या पर अधिक जोर दिया गया है, क्योंकि बौद्ध धर्म के अनुयायी उसे आज के बुद्धि और विश्लेषण-प्रधान युग के अनुकूल पाते हैं। परमपावन धर्म को युद्ध, शांति, राजनीति, विकास, यौन, नीतिशास्त्र, मीडिया और पारिवारिक जीवन से भी जोड़ते हैं। यह पुस्तक मुख्यत: उन पाठकों के लिए है, जो धार्मिक अनुष्ठानों से परे धर्म के वैज्ञानिक और दार्शनिक पहलुओं में अधिक रुचि रखते हैं। परमपावन भगवान् बुद्ध के वचनों को ही विस्तार देते हैं तथा अंतर्धर्मीय संवाद के महत्त्व को रेखांकित करते हैं। आज के अशांत युग में जनसाधारण को भौतिक सुखों के पीछे भागने और अपूरणीय इच्छाओं की मरीचिका में भटकने की बजाय अपनी आंतरिक शक्तियों के विकास और दायित्व-बोध की अधिक आवश्यकता है।

आज मनुष्य ने जहाँ एक ओर समुद्र की गहराई और आकाश की ऊँचाई को माप लिया है, वहीं दूसरी ओर पृथ्वी से दूर अनंत अंतरिक्ष में अपना कदम रखा है, बुद्धिमत्ता का निवास, हमारा मनोलोक अब भी रहस्यमय और अबूझ है। लेकिन 2500 वर्ष पूर्व बुद्ध शाक्य मुनि ने ध्यान के माध्यम से मन के सारतत्त्व को अनुभव किया था। उन्होंने आग्रह किया है कि हम अपने अंतस में विराजमान प्रकाश-पुंज को पहचानें तथा अज्ञानता से बचते हुए सर्वग्राही बुद्धिमत्ता तथा संवेदना का विकास करें।

उन्नीसवीं सदी की यूरोपीय मुख्य धारा के सामाजिक विचारकों की भविष्यवाणियों के बावजूद धर्म अब भी एक प्रबल शक्ति है। आधुनिकता ने कुछ धार्मिक विश्वासों को कम जरूर किया है, लेकिन वह संदेहवाद को विश्वव्यापी बनाने में असमर्थ रही है। इस पृष्ठभूमि में व्याख्यानों का यह संकलन संपूर्ण विश्व के लोगों में बौद्ध धर्म की समझ बढ़ाने के उद्देश्य से प्रस्तुत किया जा रहा है। जैसा कि एन.पी. जैकबसन* अपने विश्लेषण में भगवान् बुद्ध के विचारों की समसामयिकता पर प्रकाश डालते हुए कहते हैं—

* 'बौद्ध धर्म—विश्लेषण का धर्म', 1966।

> ह्यूम की ही तरह स्वयं को तात्त्विक फंदों में फँसानेवाले विवेकहीन प्रयासों से मनुष्य को मुक्त कराने की आकांक्षा से शुरुआत करते हुए बुद्ध मनुष्य की हर जिज्ञासा का समाधान बहुत सादगी और स्पष्टता से करते हैं। नीत्शे के समान बुद्ध भी अपराध-बोध से ग्रस्त एक कमजोर इनसान की कुढ़न द्वारा उसकी आंतरिक शक्ति क्षीण होते जाने का दयनीय नजारा देखते हैं। बुद्ध मार्क्स और एंजिल्स की तरह अनर्गल कल्पनाओं और मिथकों के अबूझ रहस्यों से आक्रांत मनुष्य को मुक्त कराने की दृष्टि भी रखते हैं। यह देखने में बुद्ध जॉन स्टुअर्ट मिल के समान हैं कि इनसान को गुलाम बनानेवाले सबसे कठोर बंधन सिंहासनों पर बैठे निरंकुश क्रूर शासकों द्वारा नहीं लगाए गए हैं बल्कि ये अंतर्मन को संचालित करनेवाली उन सूक्ष्म धारणाओं की देन हैं, जो उसकी निष्ठा और स्वतंत्रता का हनन करती हैं। बुद्ध इस आकांक्षा में फ्रायड के समान भी हैं कि वे मनुष्य के अहंभाव या अति अहंभाव की बाध्यकारी निरंकुश जकड़न—जो उसकी हर खुशी को विकृत, दमित या नष्ट कर देती है—से उसके अंदर छिपी रचनात्मक शक्तियों को मुक्त कराएँ। विटगेंस्टाइन की तरह वे मानवीय बुद्धि को 'आच्छादित' करने में भाषा की भूमिका से सावधान रहने की बात भी करते हैं।

एक शुद्ध हृदय, जो भावनात्मक विकारों और तुच्छ कामनाओं से मुक्त और परिष्कृत हो, हमारे मन को बंधनों और अज्ञानता से छुटकारा दिला देता है। ध्यान के निरंतर अभ्यास से निर्वाण की अवस्था प्राप्त की जा सकती है। ध्यान हमें अपनी विशिष्ट समाज-संस्कृति, अनुकूलित मानसिकता और मनोदैहिक रोगों से मुक्ति दिलाता है। अहंवाद और आसक्ति उपजानेवाले मनोभावों एवं कामनाओं से स्वयं को मुक्त कराने की आंतरिक विजय के पश्चात् व्यक्ति चिंता, अक्षमता और अवसाद जैसी नकारात्मक मन:स्थितियों को परमानंद और संतुष्टि में रूपांतरित कर सकता है। इसलिए निर्वाण अर्थात्

दुःख से ऊपर उठ जाने के कई मार्ग हैं।

जाफरी हॉपकिंस के अनुसार, दुःख के त्यागने मात्र से बौद्धिक ऊहापोह का अंत हो जाना ही निर्वाण है। बात केवल तर्क की समाप्ति या दुःखों से उत्तीर्ण हो जाने की ही नहीं है बल्कि योगी के अंतर्मन की उस घटना की है, जहाँ दुःख बस अनुपस्थित है।* इस प्रकार 'चार महान् सत्य' एक सही मार्ग है, जो निर्वाण की ओर ले जाता है।

अंत में, मैं हमारे आध्यात्मिक निदेशक श्रद्धेय लामा झोपे रिनपोचे का संदेश उद्धृत करती हूँ—

> जीवन का उद्देश्य केवल सुख पाना और अपनी ही समस्याएँ सुलझाना नहीं है, उसका मुख्य उद्देश्य समस्त प्राणियों को हर दुःख से छुटकारा दिलाकर प्रसन्नता की ओर ले जाना, विशेषतः प्रबोधन की चरम उपलब्धि तक ले जाना है। यह हमारा लक्ष्य ही नहीं, बल्कि उत्तरदायित्व भी है।
>
> यदि यह हमारा उत्तरदायित्व है तो क्या हम में इतनी क्षमता है कि हम अन्य लोगों को दुःखों से छुटकारा और सुख पाने में सहायता कर सकें? हम में वह क्षमता है। प्रथम, हमारे मन का स्वभाव बुद्ध है। द्वितीय, हमने श्रेष्ठ मनुष्य योनि में जन्म लिया है; यह बहुमूल्य मानव शरीर आठ स्वाधीनताओं और दस विपुलताओं से सुसज्जित है।
>
> बुद्ध स्वभाव मन की उस सामर्थ्य का नाम है, जो मानव सहित सभी प्राणियों को अल्पकालिक या परम सुख उपलब्ध करा सकती है। हमारी श्रेष्ठ मनुष्य योनि हमें अपने बुद्ध स्वभाव के पूर्ण विकास का हर अवसर प्रदान करती है। समस्त प्राणियों को कष्टों से छुड़ाकर उनके जीवन में सुख के संचार का अर्थ है दुःखों के मूल कारण—उनके मन में घर किए हुए अज्ञान, अस्मिता की भ्रांत धारणा—का अंत।
>
> ऐसा कर पाने का एकमात्र उपाय है सही मार्ग—दो सत्यों,

---

* 'रिक्तता पर चिंतन', 1983।

चरम और पारंपरिक—का ज्ञान होना। यह ज्ञान यथार्थ और भ्रम के अंतर को स्पष्ट करता है। इसलिए लोगों को निर्मल स्वरूप, जो एकमात्र सच्चाई है, को समझानेवाली शिक्षाओं को सुनना और उनपर चिंतन-मनन करना चाहिए। इस आचरण से प्राणी दुःखों के मूल—'मैं' के निर्मल स्वरूप से अज्ञानता—का ही नाश कर सकते हैं।

परिणामतः सभी भ्रांतियाँ, कर्म और उनके चिह्न—न जाने कब से जारी बुढ़ापा, बीमारी, मृत्यु और पुनर्जन्म के चक्र—सदा के लिए मिट जाते हैं तथा निर्वाणजनित अनंत सुखों के द्वार खुल जाते हैं। तत्पश्चात् जटिल धुँधलके को क्रमशः चीरते हुए सर्वज्ञता तक पहुँचा व्यक्ति पूर्ण जाग्रत् बुद्धत्व की अद्‍भुत स्थिति महानिर्वाण को प्राप्त कर लेता है।

अपने आत्मिक विकास के लिए हमें परम पावन दलाई लामा जैसे महान् शिक्षक—जो स्वयं त्याग, बोधिसत्त्व, रिक्तता जैसे कई पड़ाव पार कर चुके हैं—की आवश्यकता है। यह जानकर मुझे अति प्रसन्नता हो रही है कि परम पावन दलाई लामा के धर्मोत्सव प्रवचन पुस्तक के रूप में प्रस्तुत किए जा रहे हैं।

मुझे आशा है कि निर्वाण के कई मार्ग दरशाती यह पुस्तक लोगों को समकालीन जीवन की खंडित सच्चाइयों में समाधान खोजने में सहायक होगी।

—रेणुका सिंह

अनुक्रम

बौद्ध मत में चार सूत्र

बौद्ध मत के चार सूत्र हमारी धार्मिक शिक्षाओं के महत्त्वपूर्ण भाग हैं। मन को साधना और शांतचित्तता आज के समय में भी प्रासंगिक है। मन के रूपांतरण की बौद्ध पद्धति मात्र विश्वास पर नहीं अपितु विश्लेषणात्मक चिंतन पर आधारित है। इसलिए तथ्यान्वेषण अति आवश्यक है।

इस क्षेत्र में अन्वेषण करने के लिए एक संशयी प्रवृत्ति लाभप्रद है। आप किसी विचार को अंधश्रद्धा के कारण स्वीकार नहीं करते। संशयवाद प्रश्नों को जन्म देता है और प्रश्न अन्वेषण माँगते हैं। अन्वेषण एक विश्लेषणात्मक चिंतन है, जिसके माध्यम से हम अधिक स्पष्ट जानकारी—एक स्पष्टतर यथार्थ-बोध—प्राप्त करते हैं। ऐसी प्रामाणिक जानकारी से गहरी प्रतिबद्धता का जन्म होता है। ऐसी ठोस प्रतिबद्धता ही मानसिक रूपांतरण को संभव बनाती है।

दूसरे शब्दों में, हमारा सिर या मस्तिष्क एक प्रयोगशाला के समान है। मानवीय बुद्धि अन्य प्राणियों से भिन्न और अनूठी है। मस्तिष्क की इस प्रयोगशाला में विभिन्न मनोभावों की पड़ताल करने के लिए एक साधन के रूप में मानवीय बुद्धि या बौद्धिक क्षमता का उपयोग भावनात्मक स्तर पर विभिन्न प्रयोगों के लिए किया जाता है। यह हमारी भावनाओं के रूपांतरण को संभव बनाता है।

कुछ वैज्ञानिकों के अनुसार मनोभाव अनिवार्यतः नकारात्मक नहीं होते। भाव तीव्र होकर आवेश बन जाता है। जहाँ कुछ मनोभाव ध्वंसकारी होते हैं, वहीं अन्य रचनात्मक। वैज्ञानिकों के साथ एक बैठक में यह निष्कर्ष निकला

कि बुद्ध के मन में भी भावनाओं का समावेश है। सभी के लिए करुणा व सेवा की प्रबल भावना और साथ ही एक रिक्तता की अनुभूति।

आरंभ में रिक्तता की एक अस्पष्ट अनुभूति होती है। इस चरण में कोई भावना नहीं होती, किंतु जैसे-जैसे उसकी उपस्थिति का आभास बढ़ने लगता है, भावना की तीव्रता भी बढ़ने लगती है। एक निश्चित स्तर पर रिक्तता की अनुभूति स्वयं ही एक प्रकार की भावना को जन्म देती है। इस क्रम में बुद्धिमत्ता और प्रेमपूर्ण संवेदना के विकास की प्रक्रिया में आप इन आंतरिक गुणों को सशक्त करते हैं, जिससे भावनाओं के ज्वार उपजते हैं। हम बुद्धि और भावना की संबद्धता स्पष्ट देख सकते हैं। इस प्रकार, मस्तिष्क और हृदय साथ-साथ चल सकते हैं। मेरी समझ से यही बुद्धवादी दर्शन है।

भारतीय मनीषा की प्राचीन परंपराओं में ऐसी पद्धतियाँ अपनाई गई हैं। बौद्ध मत की विशेषता इसमें है कि बुद्ध अपने ही वचनों पर प्रश्न करने की स्वतंत्रता देते हैं। बुद्ध स्पष्ट रूप से कहते हैं कि जिस प्रकार एक स्वर्णकार स्वर्ण की परीक्षा उसको कसौटी पर रगड़कर-काटकर और अग्नि में तपाकर करता है, उसी प्रकार भिक्षुगण और अन्य बुद्धिमान् लोग उनके कहे गए शब्दों की परीक्षा करें। उन्होंने लोगों को उनकी शिक्षाओं को निरे विश्वास के आधार पर स्वीकार न करने का आग्रह किया है।

इस प्रकार शास्त्रीय ज्ञान और वास्तविक अनुभव में आपसी संबंध है। दोनों साथ-साथ चलते हैं। मुझे लगता है कि प्रत्येक देश की अपनी एक प्रमुख धार्मिक परंपरा है। धर्म के दो पहलू हैं—एक है मन का अभ्यास और दूसरा है दार्शनिक। मन के अभ्यास को लेकर सभी प्रमुख धर्मों में समानता है। उन सभी में मानव-मन को परिवर्तित करने की क्षमता है। यह इस बात से स्पष्ट है कि सभी प्रमुख धार्मिक परंपराएँ प्रेम, सहानुभूति, क्षमा, संतोष और आत्मानुशासन का संदेश देती हैं। संदेश वही हैं, परंतु कुछ मामलों में उनके भिन्न दर्शनों के अनुसार अर्थ भिन्न हो सकते हैं।

विभिन्न धर्मों के दर्शन में भारी भिन्नता हो सकती है; किंतु हम यह नहीं कह सकते कि कोई एक धर्म किसी अन्य धर्म से बेहतर है। जैसा मैंने पहले कहा है कि सभी धर्मों में मन को परिवर्तित करने की क्षमता है। हम में

से प्रत्येक मनुष्य की मानसिक प्रवृत्ति भिन्न है तथा इसी भिन्नता के कारण विविध पद्धतियाँ और पहुँच-मार्ग देखने को मिलते हैं; किंतु परिणाम देने या प्रभावोत्पादकता में लगभग समान ही है।

इसलिए हम यह नहीं कह सकते कि अमुक धर्म दूसरों से बेहतर है; यह कहना कठिन है। यह अभिवृत्ति हमारे अंदर अन्य सभी प्रमुख धार्मिक परंपराओं के प्रति आदर-भाव विकसित करती है। भूतकाल में करोड़ों लोग विभिन्न परंपराओं से प्रेरित हुए हैं। यह निष्ठा उन्हें एक सार्थक जीवन जीने में सहायक हो सकती है। भविष्य में भी करोड़ों लोग इसी प्रकार प्रेरित होंगे। परिणामस्वरूप उनके जीवन भी अधिक सार्थक और प्रेम से परिपूर्ण हो जाएँगे। जहाँ तक इन धर्मों के दर्शन का प्रश्न है, तो हम यह नहीं कह सकते कि अमुक दर्शन अधिक जटिल है या कोई अन्य अधिक सुगम।

तिब्बती भाषा में बौद्ध मत की चार मुहरों या सूत्रों की बात कही गई है। ये हैं—सभी कारणभूत या सकारण घटनाएँ अस्थायी हैं। सभी प्रदूषित सत्ताएँ दुःखदायी हैं। सभी सत्ताएँ निस्स्वार्थ और रिक्त हैं तथा निर्वाण ही शांति है।

पहले सूत्र—'सभी सकारण घटनाएँ अस्थायी हैं' की व्याख्या के लिए हमें यह समझना होगा कि इस कथन का आधार अस्थायी होने से संबंधित है। ऐसी कोई विशिष्ट घटना, जो अपने अस्तित्व के लिए उसके कारणों और परिस्थितियों पर निर्भर है, सकारण घटनाओं की श्रेणी में आती है। वह उसके कारणों और परिस्थितियों पर आश्रित है। उदाहरण के लिए, किसी विशिष्ट तंबू में बैठे हमें यह बोध है कि वहाँ कोई वृक्ष नहीं है। 'वृक्ष' की इस अनुपस्थिति के कारण हम जानते हैं कि वृक्ष अस्तित्व में नहीं है। इस उपाय से हमारा मस्तिष्क कुछ जान सकता है; यथा वृक्ष का अस्तित्व में न होना। यह स्पष्ट रूप से सिद्ध करता है कि वृक्ष की अस्तित्वहीनता वास्तव में अस्तित्व में है, क्योंकि वह हमारी जानकारी का विषय है।

साथ ही वृक्ष की अस्तित्वहीनता भौतिक अर्थ में, जिसे हम देख सकें, अस्तित्व में नहीं है। वृक्ष निश्चित ही एक अनुभव करने योग्य वस्तु है और वास्तव में कई वस्तुओं को, जिन्हें हम मान लेते हैं, वृक्ष की अस्तित्वहीनता

की भाषा में समझना होगा। उदाहरणार्थ, फूलों को ही लीजिए, जिन्हें हम देख सकते हैं। फूलों की कई विशेषताओं में एक यह भी है कि (जिस पर वह लगा था) वह पेड़ अनुपस्थित है। इसीलिए हम इस विशिष्ट फूल पर उन वस्तुओं, जो फूल नहीं हैं, की अस्तित्वहीनता का अनंत अस्तित्व पाते हैं। यह निश्चित है कि उस फूल पर इन अन्य वस्तुओं की अस्तित्वहीनता एक ज्ञेय वस्तु है। परंतु यह भी सत्य है कि यह वस्तु ऐसी नहीं है जिसके स्वरूप का वर्णन किया जा सके।

इसी प्रकार अस्थायित्व या अस्तित्वहीनता जैसे विषय अनुभव-योग्य और ज्ञेय हैं, परंतु साथ ही उनका स्वत:स्फूर्त अस्तित्व नहीं है।

इसी तरह जब हम किसी विशिष्ट फूल की नहीं, अपितु सामान्यता और विशिष्टता की बात करते हैं, तब इस 'फूल' की बात सामान्य अर्थ में कर सकते हैं। उदाहरण के लिए, आप एक विशिष्ट फूल किसी विशिष्ट स्थान पर, किसी निश्चित समय पर देखें। फिर एक निश्चित अवधि बीतने के पश्चात् आप एक भिन्न रंग का भिन्न फूल देखें। इस दूसरे फूल को देखने मात्र से आप निष्कर्ष निकाल सकते हैं कि यह भी एक फूल ही है। अत: जब हम 'फूल' शब्द का उल्लेख करते हैं तो किस विशिष्ट वस्तु को यह नाम देते हैं ?

यदि 'फूल' शब्द का प्रयोग उस विशिष्ट फूल के लिए किया गया, जिसे आपने पहले देखा था तो स्पष्ट है कि वह विशिष्ट फूल वह फूल नहीं था जिसे आपने बाद में देखा। इस तरह एक प्रकार का 'फूल' होता है, जिसके गुण दोनों फूलों में विद्यमान हैं। फिर भी, यद्यपि यह एक वास्तविकता है, परंतु इसका यह अर्थ नहीं कि कोई एक 'सर्वमान्य' फूल है जो सभी फूलों में व्याप्त हो और अन्य फूलों से भिन्न उसका अपना अस्तित्व हो।

इसलिए जब आप एक विशिष्ट फूल को देखते हैं तब वास्तव में आप एक गुण को 'देख' रहे होते हैं, जो फूलेतर वस्तुओं में नहीं पाया जाता। यही गुण उन फूलों में भी होता है जिन्हें आप बाद में देखते हैं। इस गुणधर्मिता के कारण ही आप फूलों को समझ, अनुभव और अन्य वस्तुओं से अलग कर सकते हैं।

अब प्रश्न उठता है कि यह तथ्य परिस्थितिजन्य है या सकारण? सभी सत्ताएँ दो वर्गों में बाँटी जा सकती हैं—विद्यमान सत्ताएँ और काल्पनिक सत्ताएँ। जब हम किसी विद्यमान सत्ता के बारे में बात करते हैं तो वह इस अर्थ में निश्चित होती है कि वह बोधगम्य है। काल्पनिक सत्ताएँ किसी प्रकार की चेतना द्वारा अनुभव नहीं की जा सकतीं।

हमारे कहने का यह तात्पर्य नहीं है कि जो वस्तु मन की किसी भी चेतना से अनुभव की जा सके, वह विद्यमान होती है। इसलिए एक बार फिर हमें मन के प्रकारों का स्पष्ट वर्गीकरण करना होगा—प्रामाणिक मन और अप्रामाणिक मन। यही कारण है कि जब आप बुद्धवादी ज्ञान-मीमांसा का अध्ययन करते हैं, तब उसमें मन के कई प्रकारों का वर्णन मिलता है।

प्रामाणिक ज्ञान के वास्तविक अर्थ को कई विद्वान् समान रूप से परिभाषित करते हैं और इसको लेकर उनमें आम सहमति है। तथापि इस पर भिन्न दृष्टिकोण भी हैं। दिङ्नाग और धर्मकीर्ति जैसे महागुरु इन बिंदुओं पर विस्तार से व्याख्या करते हैं। कारणों और परिस्थितियों के निहितार्थ को लेकर भारी मतभेद, विविधता और वर्गीकरण हैं। परंतु कारणों के मुख्यत: दो प्रकार हैं—प्रथम, सारगर्भित या ठोस कारण—किसी वस्तु के मूल तत्त्व या स्वभाव को निर्धारित या प्रभावित करनेवाला मुख्य कारक। दूसरे को हम सहयोगी कारण कह सकते हैं, जो उस वस्तु के अस्तित्व में विद्यमान घटक है।

इसलिए मनोलोक के भीतर मन के सकारात्मक या नकारात्मक होने के अनुसार सकारात्मक या नकारात्मक भाव होता है, जिसके दो मुख्य कारण हैं—सारवान या ठोस कारण, जो उस सत्ता के स्वभाव को निश्चित करने के लिए उत्तरदायी है; द्वितीय, सहयोगी कारण, जो एक प्रकार से परिस्थितिजन्य कारक है, जो किसी विशिष्ट मन को विकास का अवसर देता है।

आर्यदेव ने अपने 400 छंदों में स्पष्ट रूप से कहा कि नकारात्मक या कष्टदायी भावनाएँ, जो किसी ठोस कारण से उपजती हैं, कठिनाई से नष्ट होती हैं। फिर भी नकारात्मक भावनाएँ, जो सहयोगी या परिस्थितिजन्य कारणों से उपजती हैं, सरलता से नियंत्रित हो जाती हैं। तात्कालिक परिस्थितियों तथा कारकों पर निर्भर इन भावनाओं को पराजित और नष्ट किया जा सकता है।

इन भावनाओं के उदाहरण हैं—घृणा, क्रोध, आसक्ति तथा सकारात्मक पक्ष—सहानुभूति और सेवा-भाव।

इन भावनाओं से घनिष्ठता इनके पुनर्जन्म का कारण बनती है। ये सशक्त होती हैं। किसी विशेष परिस्थिति, सकारात्मक या नकारात्मक, का सामना करते समय उपजी भावनाएँ उतनी सशक्त नहीं होतीं।

कुछ अन्य प्रकार के कारक और स्थितियाँ भी अवश्य होती हैं। सभी प्रकार की घटनाएँ, जो अनिवार्य रूप से किन्हीं कारणों और स्थितियों से उपजती हैं, उन्हें परिस्थितिजन्य या अस्थायी घटनाएँ कहा जाता है। मूलत: अस्थायित्व का अर्थ द्विस्तरीय होता है—स्थूल स्तरीय अस्थायित्व और अंतर्निहित सूक्ष्म अस्थायित्व। स्थूल स्तरीय अस्थायित्व से तात्पर्य एक विशिष्ट वस्तु की परिवर्तनीय स्थितियों से है, जो उसके सातत्य को विघटित कर देती है। सूक्ष्म अस्थायित्व उस वस्तु के सातत्य के विघटन से अधिक उसके क्षणिक विघटन का द्योतक है।

जब हम कहते हैं कि परिस्थितिजन्य सभी घटनाएँ अस्थायी होती हैं तो हमारा तात्पर्य सूक्ष्म स्तरीय अस्थायित्व से होता है—एक विशिष्ट सत्ता के क्षणिक विघटन से। सूक्ष्म स्तरीय अस्थायित्व को दो तरह से समझा जा सकता है—प्रथम, प्रतिक्षण परिवर्तित होने की प्रक्रिया में, बाद के क्षणों में पूर्व क्षणों की स्थिति का अभाव; और द्वितीय, अस्थायी वस्तु के विघटन का कारण बननेवाले प्रथम क्षण के रूप में।

यह हम कैसे जान या सिद्ध कर सकते हैं कि सूक्ष्म स्तर पर प्रतिक्षण विघटन जारी रहता है? एक विशिष्ट परिस्थितिजन्य सत्ता के विघटन के अवलोकन करने के पश्चात् हम ऐसा स्थूल स्तरीय अस्थायित्व को समझकर कर सकते हैं। उदाहरणार्थ, हम एक पर्वत को बिखरता या एक मकान को ढहता या ऐसा ही कोई दृश्य देखते हैं। एक विशिष्ट हस्ती के जीवन के सातत्य के विघटन को जानकर हम यह निष्कर्ष निकाल सकते हैं कि सूक्ष्म परिवर्तन भी हो रहे हैं। सूक्ष्म परिवर्तनों के अभाव में यह संभव ही नहीं है कि स्थूल परिवर्तन घटित हों।

एक चट्टान को ही लें, जो इतनी ठोस होती है और अपरिवर्तनीय

लगती है, परंतु जब हम उसी चट्टान की प्रकृति को उप-आणविक स्तर पर देखें तो ज्ञात होगा कि वह निरंतर परिवर्तित हो रही है। सभी परिस्थितिजन्य घटनाओं के अस्थायी होने का संक्षेप में यही अर्थ है।

स्पष्ट है कि एक परिस्थितिजन्य घटना का प्रथम क्षण उसके विघटन से उपजता है। यह उपज उसके विघटन का कारण है। एक विशिष्ट वस्तु के विघटन के लिए किसी नए कारण की आवश्यकता नहीं होती। संक्षेप में, चित्तमात्र और माध्यमिक बौद्ध मत मानते हैं कि एक विशिष्ट परिस्थितिजन्य वस्तु का विघटन किसी नए कारण पर निर्भर नहीं है। वैभाषिक मत कुछ अलग व्याख्या करते हैं।

इसलिए हम कहते हैं कि अस्थायी घटनाएँ 'अन्य चालित' या उनके कारणों पर निर्भर हैं। एक कारण जो एक विशिष्ट प्रभाव या परिणाम का उत्पादक है, वह स्वयं किसी अन्य कारण का उत्पाद है। इस प्रकार कोई भी कारण, जो किसी परिणाम का उत्पादक है, वह स्वयं अपने किसी कारण का परिणाम है। उस प्रकार की व्याप्ति एक तथ्य है। व्याप्ति का अर्थ है कि सभी उत्पादक कारण स्वयं अपने कारणों के उत्पाद या परिणाम हैं। इसलिए कारण-कार्य (परिणाम) संबंध या कारण-कार्य सिद्धांत एक अनवरत वृत्त है।

जब हम देखते हैं कि कारण-कार्य सिद्धांत काम करता है, हम वस्तुओं में जो इस सिद्धांत का अनुभव करते हैं, दो प्रकार के भेद कर सकते हैं। ये क्षेत्र हैं—भौतिक शरीर और मानसिक। इन दोनों क्षेत्रों में भेद करनेवाले तत्त्व हैं सारगर्भित या ठोस कारण। मानस का ठोस कारण या एक मन को उत्पादित करनेवाला तत्त्व मन ही हो सकता है, कोई भौतिक शरीर नहीं। वह ठोस कारण मन और शरीर में भेद करता है।

जहाँ तक सहयोगी कारणों का प्रश्न है, ऐसा कोई मानस हो सकता है जो एक भौतिक वस्तु के उत्पादन के लिए एक सहयोगी कारण के रूप में कार्य करे। इसी प्रकार, कोई भौतिक वस्तु भी हो सकती है, जो एक मानस के उत्पादन में सहयोगी कारण की भूमिका निभाए। ऐसी वस्तु भी हो सकती है, जो अपने कारणों और परिस्थितियों पर निर्भर हो; परंतु जब हम उस वस्तु के स्वभाव की बात करते हैं तब वह उस अवधारणात्मक विचार पर निर्भर

हो जाती है, जिससे वह वस्तु नामित हुई है। दूसरे शब्दों में, उस विशिष्ट वस्तु की पहचान उसे नाम देनेवाले मानस पर निर्भर है।

चार बौद्धवादी सूत्रों में से दूसरा सत्र यह है कि **'सभी प्रदूषित घटनाएँ दुःखदायी प्रकृति की होती हैं।'** 'प्रदूषण' से यहाँ तात्पर्य कष्टदायी या नकारात्मक भावनाओं और उनकी छाप या पूर्ववृत्ति से है। फिर भी प्रदूषक घटक को मुख्यतः कष्टदायी भावनाओं, न कि उनके प्रभावों से समझना चाहिए। जब हम कहते हैं कि सभी प्रदूषित वस्तुएँ वेदना हैं, तो हमारा तात्पर्य उन वेदनाओं से है जो या तो कष्टदायी भावनाओं से उपजी हैं या उनपर निर्भर हैं।

सभी प्रदूषित घटनाएँ स्वभावतः कैसे कष्टदायी होती हैं, यह समझने के लिए हमें वेदना के तीन स्तरों को समझना होगा। प्रथम वेदना की वेदना, फिर परिवर्तन की वेदना और अंत में कारणजन्य या सकारण वेदना। जब हम सभी प्रदूषित घटनाओं के कष्टदायी होने की बात करते हैं तो हमारा तात्पर्य तीसरे प्रकार की वेदना से होता है, अर्थात् सकारण वेदना। अन्य दो स्तरों के लिए यह एक नींव का कार्य करती है।

सभी प्रदूषित घटनाएँ स्वभावतः कैसे कष्टदायी होती हैं, यह समझने का प्रयास हम कारण-कार्य सिद्धांत की परीक्षा से कर सकते हैं। पूर्व में मैंने बताया था कि सभी सकारण घटनाएँ उनके अपने कारणों और परिस्थितियों पर निर्भर होती हैं। कारणों और परिस्थितियों पर निर्भरता का तथ्य ही कष्टदायी भावनाओं को जन्म देता है। ये भावनाएँ अपने नाम के अनुसार कष्टदायी होती हैं।

तीसरा सूत्र कहता है कि **'सभी घटनाएँ रिक्त और अस्मिताविहीन होती हैं।'** यहाँ हमारा तात्पर्य केवल सकारण घटनाओं से नहीं अपितु सभी घटनाओं से है। हम केवल उन घटनाओं की बात नहीं कर रहे, जो कारणों और परिस्थितियों पर निर्भर हैं, परंतु स्थायी और अस्थायी दोनों प्रकार की घटनाओं पर विचार कर रहे हैं।

यह कहने का अर्थ क्या है कि सभी घटनाएँ रिक्त और अस्मिताविहीन होती हैं ? इस संबंध में चारों बौद्ध मतों के भिन्न दृष्टिकोण हैं। चारों मतों में

अस्मिताविहीन होने का सर्वमान्य अर्थ है (वैभाषिकों की अठारह उप-शाखाओं में से कुछ को छोड़कर) एक स्वतंत्र और तत्त्वतः विद्यमान व्यक्ति की अनुपस्थिति। जब हम बौद्ध और बौद्धेतर दार्शनिक दृष्टिकोणों का परीक्षण करते हैं, तब पाते हैं कि बौद्धेतर मत एक व्यक्ति के स्वतंत्र और तत्त्वतः विद्यमान होने की धारणा की पुष्टि करते हैं, परंतु बौद्ध मत इस दृष्टि को नकारता है। जो विचारक एक व्यक्ति के स्वतंत्र और तत्त्वतः विद्यमान होने को स्वीकार करते हैं, वे यह आग्रह भी करते हैं कि आत्मा का एक प्रकार ऐसा भी है जो शरीर और मानस के समुच्चय (शरीर और मन) से पृथक् अस्तित्व रखता है। इससे आगे भी वे कहते हैं कि इस प्रकार की आत्मा या व्यक्ति पिछले जन्म से इस जन्म और इस जन्म से अगले जन्म की यात्रा करता है। सभी बौद्ध मत ऐसी हस्ती के अस्तित्व का खंडन करते हैं।

यदि ऐसी कोई स्वतंत्र तत्त्वतः विद्यमान अस्मिता या आत्मा है तो हमें उसका निवास-स्थान पता होना चाहिए। अन्वेषण से ऐसे व्यक्ति या आत्मा का पता लगाना चाहिए। इसके अतिरिक्त, यदि वह अस्मिता स्थायी है, विशेषतः इस अर्थ में कि वह व्यक्ति स्वतंत्र और तत्त्वतः विद्यमान है, हम उसके विघटन या बुढ़ापे की कल्पना भी नहीं कर सकते; क्योंकि इस बात का दावा किया गया है कि वह मनोदैहिक समुच्चय पूर्णतः स्वतंत्र और स्थायी है। वैभाषिक और सौतंत्रिका मत एक व्यक्ति, न कि किसी घटना की अस्मिताविहीनता की बात करते हैं।

प्रासंगिक, माध्यमिक और चित्तमात्र मत कुछ ऊँचे धरातल की बात करते हैं। वे कहते हैं कि एक स्वायत्त और तत्त्वतः विद्यमान व्यक्ति होता ही नहीं। इस दार्शनिक धारणा को अपनाकर कोई व्यक्ति निश्चित रूप से लालसा, लोभ और आसक्ति को कम कर सकता है।

फिर भी यह दृष्टि मनोदैहिक समुच्चय के स्तर पर लोभ पर आक्रमण नहीं करती। इसलिए जब आप उच्चतर बौद्ध मतों का अध्ययन करते हैं, तो वे न केवल एक स्वतंत्र तत्त्वतः विद्यमान व्यक्ति के अस्तित्व में न होने की बात करते हैं, अपितु घटना के अस्मिता-रहित होने को भी नकारते हैं। वे मनोदैहिक समुच्चय के स्वतंत्र अस्तित्व की संभावना को भी नकारते हैं।

घटनाओं के अस्मिता-रहित होने के अर्थ को लेकर 'चित्तमात्र' मत और 'मध्यमात्र' (माध्यमिक) मत में भिन्नता है। जब चित्तमात्र मत घटनाओं के अस्मिताविहीन होने की बात करता है तो उसका अभिप्राय विषय के तत्त्वत: पृथक् न होने से है। वह विषय के बाह्य अस्तित्व को नकारता है; परंतु बोधकर्ता चित्त के स्वतंत्र अस्तित्व का दावा करता है। अत: चित्तमात्र मत के इस विचार पर चिंतन करके कोई व्यक्ति बाह्य वस्तुओं की लालसा और लोभ को कम कर सकता है।

माध्यमिकों के मतानुसार चित्तमात्र मत का यह विचार समस्या नहीं सुलझाता। यदि कोई व्यक्ति चित्तमात्र विचार को अपनाता है तो वह बाह्य वस्तुओं की लालसा और लोभ को कम कर सकता है; परंतु कुछ भिन्न प्रकार की नकारात्मक और तीव्र भावनाएँ जन्म ले लेती हैं। ऐसा इसलिए कि चित्तमात्र मत चित्त के स्वतंत्र और अंतर्निहित अस्तित्व का दावा करता है।

इसलिए माध्यमिकों को चित्तमात्र मत द्वारा इंगित भावनाओं की कोई प्रति-शक्ति नहीं दिखाई देती। इसके स्थान पर माध्यमिक दृष्टिकोण से चाहे बाह्य विषय हो या आंतरिक चित्त, बोधकर्ता वही है। जहाँ तक अंतर्निहित अस्तित्व या पूर्णत: वास्तविक अस्तित्व न होने का प्रश्न है (बाह्य विषय और आंतरिक चित्त), दोनों समान हैं।

इस प्रकार जब हम कहते हैं कि सभी घटनाएँ रिक्त और अस्मिता-रहित होती हैं, हमें भिन्न दार्शनिक मतों के बहुस्तरीय प्रस्तुतीकरण से परिचित होना चाहिए। वास्तव में ये चारों बौद्ध मत अस्मिताहीनता या रिक्तता के अर्थ संबंधी अपने प्रस्तुतीकरण में स्वयं भगवान् बुद्ध की शिक्षाओं को उद्धृत करते हैं।

उदाहरण के लिए, कुछ सूत्रों में ऐसा प्रतीत होता है कि एक विशिष्ट सूत्र एक स्वतंत्र और तत्त्वत: विद्यमान व्यक्ति के बारे में है। एक सूत्र में यह कहा गया है कि पाँच मनोभौतिक समुच्चय भारस्वरूप हैं और अमुक व्यक्ति इस भार को वहन करता है। इससे ऐसा प्रतीत होता है कि जैसे वह व्यक्ति और मनोभौतिक समुच्चय पृथक् सत्ताएँ हैं।

अब प्रश्न उठता है कि चारों बौद्ध मतों द्वारा दी गई प्रस्तुतियाँ सूत्रों के

उद्धरण सहित सूत्रों से ली गई हैं तो हम कैसे निष्कर्ष निकालें कि कौन सी प्रस्तुति सही है? इसके लिए हमें तर्क और बुद्धि पर विश्वास करना होगा। हम अपनी समझ और ज्ञान के माध्यम से यह सिद्ध कर सकते हैं कि उच्चतर बौद्ध मतों की दार्शनिक प्रस्तुतियाँ निम्नतर मतों की प्रस्तुतियों से अधिक तर्कपूर्ण हैं। किसी व्यक्ति को अस्मिताहीनता के अर्थ की सूक्ष्म समझ हो सकती है, जिससे (यह सिद्ध हो कि) एक व्यक्ति स्वतंत्र और तत्त्वतः विद्यमान नहीं है, परंतु फिर भी दार्शनिक दृष्टिकोण की उसकी समझ भ्रांतिपूर्ण हो सकती है। एक साधक को कर्ता और कर्म के मध्य पर्याप्त पृथक्ता के अभाव की पूर्ण समझ हो सकती है, परंतु चित्त के अंतर्निहित अस्तित्व की समझ भ्रांत हो सकती है।

यदि एक बार आपने माध्यमिक मत द्वारा प्रस्तुत दार्शनिक दृष्टिकोण को पूर्णतः समझ लिया है तो आप कर्ता (चित्त) और विषय, जिसका कोई अंतर्निहित, संपूर्ण या वास्तविक अस्तित्व न हो, दोनों को देख सकते हैं। यदि आपकी समझ इस प्रकार की हो तो अस्मिता के बारे में निम्न बौद्ध मतों द्वारा प्रस्तुत भ्रांत धारणाओं का आपके मन में उठना असंभव होगा।

इस स्तर के विश्लेषण और अन्वेषण का प्रयोग करके हम यह निष्कर्ष निकाल सकते हैं कि उच्चतर बौद्ध मतों द्वारा प्रस्तुत अस्मिताहीनता या रिक्तता का अर्थ अधिक गंभीर है। अतः 'सभी घटनाएँ रिक्त और अस्मिता-रहित होती हैं' का अर्थ यही है।

जहाँ तक वैभाषिकों के दार्शनिक दृष्टिकोण का प्रश्न है, जब वे किसी ऐसे व्यक्ति के अस्तित्व के न होने की बात करते हैं जो स्वतंत्र या तत्त्वतः विद्यमान हो, तब उनका विचार उच्चतर बौद्ध मत से मेल नहीं खाता। वैभाषिक जब ऐसे किसी व्यक्ति के न होने की बात करते हैं, जो तत्त्वतः विद्यमान और स्वतंत्र हो, वे इस निष्कर्ष पर पहुँचते हैं कि ऐसा कोई पदार्थ नहीं है जिसका ऐसा व्यक्ति आनंद ले सके। इस तर्क के आधार पर ही उनका दावा है कि सभी घटनाएँ अस्मिता-रहित होती हैं।

माध्यमिक दृष्टिकोण से सभी घटनाओं के अस्मिता-रहित होने का यह अर्थ एक सतही व्याख्या है। इसमें गहराई का अभाव है, क्योंकि एक स्वतंत्र और तत्त्वतः विद्यमान व्यक्ति की अस्मिताहीनता से संबद्ध घटनाओं के

अस्मिता-रहित होने की बात की जा सकती है। इसलिए व्यक्ति की अस्मिताहीनता की बात किए बिना कोई विषय के अस्मिता-रहित होने की बात नहीं कर सकता।

इसके विपरीत, माध्यमिक मत एक बाह्य विषय (ऑब्जेक्ट) के अस्तित्व को स्वीकार करता है। अत: उनके लिए चित्तभार मत द्वारा प्रस्तुत अस्मिताहीनता का अर्थ केवल एक मानसिक रचना है। यह सही अर्थ नहीं है। चित्तमात्र मत एक बाह्य विषय के न होने की बात करता है, न कि चित्त के न होने की। माध्यमिकों के लिए यह एक गढ़ा हुआ दृष्टिकोण है और वास्तविकता से मेल नहीं खाता, इसलिए एक तर्कसंगत निष्कर्ष नहीं है।

माध्यमिकों के अनुसार चित्तमात्र मत का कोई ठोस आधार या तर्कपूर्ण बोध नहीं है। यदि आप चिंतन करते हैं तथा रिक्तता व अस्मिता-विहीनता की अवधारणाओं से परिचित भी हो जाते हैं, तो चित्त को एक असीम ऊँचाई तक विकसित नहीं कर सकते। यह दृष्टिकोण या अस्मिताविहीनता का अर्थ—जैसा कि वैभाषिकों द्वारा प्रस्तुत किया गया—सतही नहीं होना चाहिए और न ही (चित्तमात्र मत जैसी) केवल एक मानसिक रचना होनी चाहिए।

चौथा सूत्र है **'निर्वाण शांति है।'** तिब्बती भाषा में इसके लिए प्रयुक्त वाक्यांश का शाब्दिक अनुवाद है—'दु:खभोग से परे हो जाना'। यहाँ असंतुष्ट स्थिति से परे चले जाना कष्टदायी भावनाओं से संबंध रखता है। कष्टदायी भावनाओं के प्रभाव से एक बार भी परे चले जाने से आप स्थायी शांति और सुख प्राप्त कर सकते हैं। इसलिए निर्वाण शांति है, तथापि निर्वाण के स्वरूप या सत्ता के वास्तविक अर्थ को लेकर भिन्न दृष्टिकोण हैं। नागार्जुन के अनुसार कष्टदायी भावनाओं की समाप्ति निर्वाण है। जब चित्त कष्टदायी भावनाओं से पूर्णतया शुद्ध हो जाता है तब ऐसी मनोदशा निर्वाण कहलाती है।

यह बौद्ध मत के चार सूत्रों के अर्थों की संक्षिप्त प्रस्तावना थी। अब प्रश्न है—इस दार्शनिक विचार को चित्त के वास्तविक रूपांतरण और प्रशिक्षण के लिए कैसे प्रयोग में लाया जाए?

हमारे दैनंदिन जीवन में कई उपद्रवी, आंदोलनकारी, नकारात्मक विचार

चार प्रकार की भ्रांत अवधारणाओं से जन्म लेते हैं—प्रथम, अस्थायी वस्तुओं को स्थायी के रूप में देखने की हमारी प्रवृत्ति; द्वितीय, धुँधली या अस्वच्छ वस्तुओं को स्वच्छ, सारवान और अर्थपूर्ण समझने की हमारी प्रवृत्ति; तृतीय, अस्मिता-रहित सत्ताओं को अहंबोधि देखने की प्रवृत्ति और चतुर्थ, दुःख पहुँचानेवाले तत्त्वों को सुख और शांति का स्रोत मानना।

साधारण पारंपरिक जीवन में भी ऐसे लोग होते हैं जो अन्य की अपेक्षा अधिक दूरदर्शी होते हैं, जिनके मन में सुदूर, न कि अल्पकालिक हितों की बात होती है। जब हमारे दीर्घकालिक और अल्पकालिक हितों में टकराव होता है तब हम दीर्घकालिक हितों को प्राथमिकता देते हैं। हम अल्पकालिक हितों का बलिदान कर सकते हैं। इन दीर्घकालिक हितों के अनुसरण के परिणाम में अधिक दुःख की उत्पत्ति होती है।

उदाहरण के लिए, लालची व्यक्ति अधिक-से-अधिक पाना चाहते हैं। ऐसा व्यक्ति धन के उपयोग के लिए आवश्यक अपने शरीर की क्षमता से नितांत अनभिज्ञ होता है। वस्तुओं के उपभोग की शारीरिक क्षमता सीमित होती है। भले ही यह एक अटपटा उदाहरण लगे, परंतु एक करोड़पति का पेट भी औसत आकार का ही होता है और वह भी भोजन की एक निश्चित मात्रा ही ले सकता है। यदि आप आभूषणों या अँगूठियों की बात करें तो एक करोड़पति की भी 10 ही उँगलियाँ हैं। यदि आप प्रत्येक उँगली में हीरे की अँगूठी पहनें तब भी उनकी संख्या 10 ही होगी। यदि आप प्रत्येक उँगली में 2 या 3 अँगूठियाँ पहनें तो वे भद्दी दिखाई देंगी।

इसलिए जो व्यक्ति अधिक-से-अधिक पाना चाहते हैं, दुर्भाग्य से वस्तुओं के उपभोग के लिए अधिक धन-प्राप्ति में लगे रहते हैं। इसके अतिरिक्त वे मृत्यु या अपने शरीर और जीवन की सीमाओं के बारे में कभी नहीं सोचते। अतः निरंतर धन-संग्रह करने की यह जीवन-पद्धति आपके मन में यह सोच उत्पन्न करती है कि जिस प्रकार आपने धन का अर्जन और संग्रह किया है, उसी प्रकार मृत्यु का सामना किए बिना आपका जीवन भी निरंतर चलता रहेगा और आप धन-संपत्ति का आनंद सदा लेते रहेंगे।

उत्तरदायित्व-बोध के बिना जब आप निरंतर धन-संपत्ति संग्रह करते

जाएँ तो उसका परिणाम क्या होगा? आप स्वयं को कभी हलका अनुभव नहीं करेंगे, न मन की शांति मिलेगी और न ही विश्राम के लिए समय। मैं सोचता हूँ कि अधिकाधिक धन और शक्ति अर्जित करने की भाग-दौड़ का लक्ष्य किसी प्रकार का संतोष पाने का होता है। उचित मनोवृत्ति के अभाव में आप बस किसी प्रकार के संतोष की तलाश में रहते हैं।

इस मार्ग से हम किसी संतुष्टि तक नहीं पहुँच सकते और सदा कुछ-न-कुछ अवांछनीय होता रहेगा। ऐसे लोगों के जीवन में प्रसन्नता और स्थायित्व नहीं होता। साधारणतः हम एक करोड़पति बनने की कामना और उसके प्रति संभ्रांति रखते हैं; परंतु यदि हम उनकी मनोदशा को समीप से देखें तो पता चलेगा कि उनके मन में भारी समस्याएँ, चिंताएँ, ईर्ष्या और अन्य कष्टदायी भावनाएँ हैं। सबसे बुरी बात यह है कि अपने असंतोष के चलते कभी-कभी अनुचित कार्य करने, दूसरों को हानि पहुँचाने या उनका शोषण करने में उन्हें कोई दुविधा नहीं होती। इन सब बातों का परिणाम क्या होता है? अंत में आप अधिक शत्रु बनाते हैं और अपयश के भागी बनते हैं। धनार्जन की इस इच्छा से आपको संतोष प्राप्त नहीं होगा। आप प्रतिष्ठा खोकर मृत्यु को प्राप्त होंगे।

विश्व और राष्ट्र, दोनों स्तरों पर धनवान् और निर्धन लोगों के बीच बढ़ती खाई एक अन्य समस्या है। जहाँ एक ओर कुछ लोग विलासिता का जीवन जी रहे हैं और करोड़ों रुपए खर्च रहे हैं, वहीं कई अन्य लोग इसी धरती पर रहते हुए भूखे हैं और कुछ तो भूख से मर रहे हैं। यह एक बहुत कठिन स्थिति है। इस खाई का परिणाम क्या है? मानसिक पीड़ा के अतिरिक्त अपराध, अशांति और हिंसा में वृद्धि हुई है। धनवान् और निर्धन के बीच यह विशाल खाई न केवल नैतिक रूप से अनुचित है वरन् कई समस्याओं को जन्म दे रही है।

इन समस्याओं का सामना करने के लिए अस्थायित्व और दुःखों से परिपूर्ण संसार के बारे में चिंतन की आवश्यकता है। हमारे शरीर और जीवन का अस्तित्व पूर्णतः कष्टदायी भावनाओं के प्रभाव और नियंत्रण में है। यदि एक बार हम यह समझ लें कि दुःख हमारे अस्तित्व के स्वभाव में है तो

इससे हमें माया-मोह कम करने में सहायता मिलेगी।

इसलिए रिक्तता की अवधारणा एक निर्णायक तत्त्व है। यदि हम इस अवधारणा का ठीक से विश्लेषण करें, विशेषतः जब नकारात्मक भावनाएँ हम पर हावी हों, तब लक्ष्य (चाहे वह घृणा, अनुराग या ईर्ष्या का पात्र हो) बहुत ठोस जान पड़ता है। उस निश्चित पल में, जब हमारे मन में ऐसी तीव्र नकारात्मक भावनाएँ विकसित हो रही हों, हम उस विशिष्ट लक्ष्य को दो में से एक प्रकार से देखते हैं। एक तरफ हम उसे अत्यंत रोचक और सुंदर पात्र के रूप में देखते हैं, जैसे यह सुंदरता 'उस' का गुण हो। दूसरी तरफ हम लक्ष्य को पूर्णतया नकारात्मक और भद्दे रूप में देखते हैं, जैसे कुरूपता और नकारात्मकता 'उस' में समाई हो।

इसलिए इन कष्टदायी भावनाओं के कारण उस विशिष्ट पात्र से हम मजबूती से जुड़ जाते हैं। कुछ मामलों में सहानुभूति का प्रयोग किसी कष्टदायी भावना को अप्रत्यक्ष रूप से कम कर सकता है, परंतु प्रत्यक्षतः हम उनसे संघर्ष नहीं कर सकते। इसके स्थान पर हम उस बुद्धिमत्ता का प्रयोग कर सकते हैं, जो चरम सत्य को समझती हो और वह है—रिक्तता। केवल इस प्रकार की समझ और अनुभूति इन नकारात्मक भावनाओं पर प्रभावी हो सकती हैं। निश्चित रूप से हम इसे प्रत्यक्ष अनुभव से ही सीख सकते हैं।

अंततः हम ऐसी भावना उत्पन्न कर देंगे कि इन कष्टदायी भावनाओं को नष्ट किया जा सकता है। ऐसा हम कामथ की समझ और उसपर चिंतन के माध्यम से करते हैं। वह मनोदशा, जिसमें सभी कष्टदायी भावनाओं को नष्ट कर दिया गया हो, निर्वाण कहलाती है। इन सभी दार्शनिक विषयों को समझते और तालमेल करते हुए यदि आप ठीक से चिंतन करते हैं तो इस ज्ञान को एक प्रकार की प्रतिबद्धता विकसित करने में प्रयोग किया जा सकता है।

बुद्ध ने इसी संदर्भ में चार महान् सत्यों की शिक्षा दी थी। यदि आप इनमें से प्रथम दो सत्यों, दुःख और उसके कारण, पर चिंतन करें तो आपकी चिंता और उदासी में वृद्धि होती है; परंतु आप देखेंगे कि बुद्ध यहाँ पर रुके नहीं। दो सत्य और हैं—दुःखभोग का अंत और इस लक्ष्य की प्राप्ति का

उपाय या मार्ग। बुद्ध इस व्याख्या से अपना उपदेश आरंभ करते हैं कि हमारे अस्तित्व की मूल प्रकृति दुःखदायी है, परंतु उन्होंने यह भी समझाया कि इसका विकल्प है।

इसलिए दुःखभोग पर चिंतन का मुख्य उद्‌देश्य मन में निर्वाण प्राप्त करने का संकल्प विकसित करना है। यदि निर्वाण प्राप्त करने की कोई संभावना न हो तो दुःख के बारे में चिंतन न करना ही बेहतर है। इसके स्थान पर जीवन को हलके ढंग से लें, शराब पिएँ या जो जी चाहे सो करें—वही उत्तम होगा। तथापि यदि कोई विकल्प हो, कष्टप्रद मनःस्थितियों, भावनाओं को नष्ट करने की कोई संभावना हो तो कम-से-कम एक प्रयास भी निश्चित रूप से सार्थक होगा। प्रयास यह कि चित्त को अभ्यास कराना।

सहानुभूति का व्यवहार अन्य प्राणियों के प्रति संवेदना स्वयं के लिए अत्यधिक लाभप्रद है। अंत में सभी सचेतन प्राणी उससे लाभान्वित होंगे। इसलिए, निस्संदेह जैसा लामा सोंग खापा सटीक रूप से कहते हैं—'जब आप अपने भीतर सहानुभूति और परोपकारिता विकसित करते हैं तब आपका मुख्य उद्‌देश्य दूसरों की सहायता और उन्हें लाभ पहुँचाना होता है; परंतु वास्तव में वह आप ही होंगे जिसे सबसे अधिक लाभ प्राप्त होगा।'

इस प्रकार प्रेमपूर्ण करुणा, संवेदनशील व्यवहार और वैसा चिंतन आपके और अन्य प्राणियों के जीवन को सार्थकता प्रदान करता है। ऐसा व्यवहार और चिंतन, जो आपके मन को प्रेमपूर्ण करुणा व सहानुभूति के विकास से परिचित कराता है, ऐसी वस्तु नहीं है जो केवल धार्मिक व्यक्तियों के लिए ही अर्थपूर्ण हो। अधार्मिक लोगों के लिए भी ऐसा आचरण और मन के सकारात्मक गुणों का विकास अत्यंत महत्वपूर्ण है।

यह आपको तथा अन्य प्राणियों को प्रसन्नता और शांति से भर देता है। यह सब अंतःसंबद्ध है और प्रेमपूर्ण करुणा एवं सहानुभूति के विकास पर निर्भर है।

सहानुभूति, सेवाभाव और अन्य लोगों के दुःखों का बँटवारा केवल व्यक्ति, परिवार या समुदाय के स्तर पर ही नहीं अपितु संपूर्ण मानवता के लिए एक सुखी जीवन का आधार बन जाता है। अतः इन मूलभूत मानवीय

गुणों का संवर्धन अति महत्त्वपूर्ण है। यह प्रत्येक का उत्तरदायित्व भी है, क्योंकि मानव जाति का भविष्य संपूर्णतः हमारे हाथों में है।

बौद्ध मतावलंबी होने के कारण हम प्रार्थना, चिंतन और महापुरुषों के आशीर्वाद में विश्वास रखते हैं। ऐसे महापुरुष हैं, जिनके पास वरदान देने की शक्ति है; परंतु उसका प्रभाव सीमित है। असंख्य बुद्ध और बोधिसत्त्व हैं जो सदा हमारे लिए प्रार्थना करते हैं, परंतु फिर भी हमारी स्थिति कठिन बनी रहती है। हम संसारी ही बने रहते हैं।

इसलिए मैं सर्वदा अपने भाइयों और बहनों को परामर्श देता हूँ कि प्रार्थना से कर्म अधिक महत्त्वपूर्ण है। हमें उद्यम करना चाहिए। कभी-कभी मैं सोचता हूँ कि संवेदना से संबंधित मेरी बातें हृदय में नहीं उतरती हैं। मैं उन व्यक्तियों और संस्थाओं की सचमुच प्रशंसा करता हूँ जो निर्धनों की सहायता करते हैं और उनकी शिक्षा आदि के कई क्षेत्रों में कार्य कर रहे हैं। ये लोग संवेदना को व्यावहारिक स्तर पर कार्यान्वित कर रहे हैं। मैं यहाँ एक सुखद नरम गद्‌दी पर बैठकर संवेदना के बारे में बात कर रहा हूँ। यह कदाचित् मिथ्याचार है।

अतः कर्म अति महत्त्वपूर्ण है। किसी कर्म को बिना थके कार्यान्वित करने के लिए हमें दृढ़ संकल्प की आवश्यकता होती है। अपने लक्ष्य के बारे में हमारी स्पष्ट दृष्टि होनी चाहिए। इससे काम को सहजता और बिना थके निपटाना संभव होगा। यदि लक्ष्य सुस्पष्ट नहीं है या उसमें दुरूहता है तो उसके निष्पादन में वैसे ही तरीके अपनाने होंगे तथा उससे और अधिक भ्रम की स्थिति उत्पन्न होगी।

इन जटिल दार्शनिक अवधारणाओं के परिणामस्वरूप हमारे जीवन में भटकाव नहीं आना चाहिए। इसके विपरीत, इन दार्शनिक विचारों के अध्ययन से हमारे सम्मुख जीवन का स्पष्ट चित्र आ जाता है। ऐसा होने पर हमारी कार्य-योजना स्पष्ट हो जाती है।

अंत में हमारा लक्ष्य मन को जाग्रत् करना है। साधारणतः ऐसा करने के लिए योग्य व्यक्तियों को चुनकर सात चरणोंवाली क्रियाओं से उनकी नकारात्मकताएँ शुद्ध की जाती हैं।

हम में से कई विभिन्न परंपराओं से संबद्ध हैं। संभवतः हम अन्य सभी प्राचीन महान् आत्माओं, जैसे ईसा मसीह या महावीर की कल्पना कर समझ सकते हैं। हम उनकी सजीव कल्पना करके अन्य प्राणियों की सेवा का संकल्प ले सकते हैं। इस मार्ग पर चलने से हमारे जीवन सार्थक हो जाएँगे।

केवल जीवित रहने के लिए संघर्ष करना पर्याप्त नहीं है। पेड़-पौधे भी जीवित रहने की क्षमता रखते हैं। इसी प्रकार पशु और कीड़े-मकोड़े भी जीवित रहने की सहज बुद्धि रखते हैं। परंतु हम मनुष्यों के पास अद्भुत बुद्धि है। केवल जीवित रहने के लिए उसका उपयोग उसका अपव्यय है। इसके स्थान पर यह बुद्धि परोपकार के लिए प्रयोग की जानी चाहिए, तभी हमारा जीवन सचमुच सार्थक हो सकेगा।

एक बौद्ध दृष्टिकोण से, इस धरती पर हमारा जीवन अधिकतम सौ वर्ष का होता है। यह एक पर्यटक की छुट्टी के समान है। रहस्यमय अंतरिक्ष की गहराइयों से निकलकर हम मात्र सौ वर्षों के प्रवास पर यहाँ आते हैं। यदि आप अरबों प्रकाश वर्षों के हमारे अस्तित्व से इसकी तुलना करें तो ये सौ वर्ष क्या हैं?

इसलिए अपने अल्पकालिक मानव-जीवन का उपयोग अशांति और कष्ट बढ़ाने के लिए करना बुद्धिमानी नहीं। यदि एक अमेरिकी या यूरोपीय पर्यटक केवल एक सप्ताह के लिए भारत आए तथा इस एक सप्ताह में वह जहाँ जाए वहाँ उपद्रव खड़ा कर दे तो यह निरर्थक और मूर्खतापूर्ण होगा। उसी प्रकार, हम इस धरती पर एक छोटे से प्रवास पर आए हैं। अतः यह समय सार्थक रूप से व्यतीत होना चाहिए। इसका अर्थ है कि जहाँ तक संभव हो, दूसरों की सहायता की जाए। यदि आप दूसरों की सहायता नहीं कर सकते तो कम-से-कम उनके कष्ट एवं दुःखों को और न बढ़ाएँ।

एक प्रबुद्ध मन को उत्पन्न करने के लिए मैं इन तीन कविताओं को एक साथ पढ़ना चाहूँगा—

> कभी प्राणियों को मुक्त कराने की आकांक्षा लिये
> मैं शरण में सदा जाऊँगा

बुद्ध, धम्म और संघ की
जब तक पूर्ण प्रबोधन प्राप्त न हो जाए।

बुद्धिमत्ता और संवेदना से उत्साहित होकर
आज बुद्ध की उपस्थिति में
मैं रचूँगा एक पूर्ण जाग्रत् मन
सभी प्राणियों के लाभार्थ।

जब तक यह आकाश है
जब तक स्पंदित जीवन है
क्या मैं रहूँगा तब तक?
दूर करने के लिए
जग की दुर्दशा (तीन बार)।

जो लोग (निश्चित ही बुद्धिवादी) परोपकार करना चाहते हैं, उन्हें नियमित प्रार्थना के अंग के रूप में इन कविताओं का पाठ करना चाहिए। उन्हें इस पर, विशेषत: अंतिम कविता पर, चिंतन करना चाहिए। ये तीन कविताएँ मेरी दैनिक प्रार्थना और चिंतन का भाग हैं। मैं प्रतिदिन इन पंक्तियों का पाठ और उनपर विचार करता हूँ। अंतिम कविता बहुत प्रभावशाली है। जब मैं उदास होता हूँ या मुझमें नकारात्मक कष्टदायी भावनाएँ उत्पन्न होती हैं तो मैं इन्हें स्मरण कराता हूँ। मैं इनका पाठ तथा इनपर विचार करता हूँ। यह बहुत लाभदायक है। बौद्ध मतावलंबी लोग भी अंतिम पंक्ति पर विचार कर सकते हैं।

परमपावन, शाक्य मुनि बुद्ध प्रबुद्ध होने के एक सप्ताह तक मौनव्रत क्यों धारण किए रहे?

बुद्ध के सात सप्ताह तक शांत रहने और शिक्षा न देने के पीछे एक कहानी है। ऐसा बताया जाता है कि बुद्ध ने कहा, 'मुझे ज्ञान, एक मार्ग प्राप्त हुआ है, जो गंभीर, शांतिदायक, जटिलताओं और वर्जनाओं से मुक्त है। परंतु

यदि मैं उसकी व्याख्या करूँ या अन्य को शिक्षित करूँ तो उसे कोई भी समझ न सकेगा। इसलिए मैं चुप रहूँगा और वनवास करूँगा।' उस समय कोई मीडिया उपलब्ध नहीं था, जो बुद्ध के प्रबुद्ध होने की घोषणा करता! बुद्ध का प्रबोधन विख्यात नहीं था। इसलिए प्रबोधन के पश्चात् बहुत विलंब हुआ। धीरे-धीरे लोगों को पता चला कि शाक्य मुनि बुद्ध को कुछ विशेष अनुभव हुए हैं। इसके पश्चात् लोगों को उनसे शिक्षा प्राप्त होने लगी और वे अपनी जिज्ञासाएँ उनके सम्मुख रखने लगे।

क्या आप चेतना का पूर्णरूपेण वर्णन कर सकते हैं?

चेतना को पूर्णतः जानने का एक ही मार्ग है—अनुभव। कभी-कभी मैं एक विशेष पद्धति का प्रयोग करता हूँ। मैं 'विचार-शून्यता' की मनःस्थिति में रहने का प्रयत्न करता हूँ और फिर अंत में एक रिक्तता का अनुभव होता है। यदि इस मनःस्थिति में कोई कुछ समय रहता है तो अंत में उसे पूर्ण स्पष्टता और पवित्रता का अनुभव होगा। स्पष्टता और पवित्रता की मनःस्थिति से व्यक्ति कई प्रकार के अनुभवों और रूपों से गुजर सकता है। इस प्रकार मन के अनुभव-जनित और प्रकाशमान् स्वभाव को चिंतन के बारंबार और निरंतर अभ्यास से समझा जा सकता है। यह ऐसी वस्तु नहीं, जिसे केवल शब्दों में वर्णित किया जा सके।

क्या तात्त्विक कारण और कर्म एक ही हैं? कर्म के चक्र से हम कैसे मुक्त हो सकते हैं?

जब तक आप अज्ञान, जो जन्म के बारह में से एक और प्रथम कारण है, को दूर नहीं करते, हमारे लिए यह संभव नहीं कि हम कर्म (भाग्य) को समाप्त कर सकें। अर्हत (जिसने सभी कष्टदायी भावनाओं का नाश कर दिया है) के समान एक प्रबुद्ध व्यक्ति के लिए भी कर्म का अवशेष तो रहता ही है। इस संदर्भ में 'प्रमाणी आवर्तिक' ग्रंथ में कहा गया है कि जो अस्तित्व-चक्र (संसार) से उत्तीर्ण हो गया हो, जिसने कामना और लालसा को इस चक्र के भीतर ही जीत लिया हो, ऐसा व्यक्ति अस्तित्व-चक्र से बाहर निकल

सकता है। यह इसलिए कि ऐसे व्यक्ति ने सभी कष्टकारी भावनाओं को नष्ट कर दिया है। यदि आपने ऐसा कर लिया है तो प्रदूषित कर्मों के संचित होने का कोई प्रमुख कारण नहीं है।

क्या एक स्त्री के लिए प्रबोधन प्राप्त करना संभव है?

हाँ, निश्चित रूप से। इसपर कुछ मतभेद हैं। योग तंत्र और सूत्र शिक्षाओं सहित बौद्ध विचारधाराओं में भिन्न व्याख्याएँ हैं। प्रबोधन के प्रथम सिद्धांत का आधार सदा एक पुरुष, न कि स्त्री, होना चाहिए। तथापि उच्चतम बौद्ध मत महाअनुत्तर-योग तंत्र के अनुसार, स्त्रियों के लिए भी प्रबुद्ध होना संभव है। अतः इसको हम चरम या अंतिम व्याख्या मानते हैं।

यदि कोई अस्मिता (स्व) नहीं है तो क्या या कौन एक जीवन से दूसरे जीवन में जाता है?

जब बुद्धवादी अस्मिताहीनता की बात करते हैं तो इसका अर्थ यह नहीं कि हम 'स्व' के अस्तित्व को नकारते हैं; परंतु हम 'स्व' के स्थायी और अपरिवर्तनीय होने को नकारते हैं। बुद्धवादी उस प्रकार के 'स्व' के अस्तित्व को नकारते हैं। बुद्धवादियों के अनुसार, चित्त की निरंतरता पर 'स्व' को केवल नामित किया गया है। चित्त अनादि और अनंत है। अनादि होने से लेकर वह बुद्धत्व तक जाता है। बुद्धत्व के स्तर पर भी 'स्व' विद्यमान होता है। नागार्जुन कहते हैं कि महापरिनिर्वाण में भी 'स्व' विद्यमान है, बुद्ध और बुद्धचित्त भी है।

मैं आपके उत्तरों से संतुष्ट नहीं हूँ। क्या यह भी एक प्रकार का लोभ है?

नहीं, यह लोभ नहीं है।

क्या आप देवदूतों में विश्वास रखते हैं?

देवदूत का रूपाकार भिन्न होता है और वह एक भिन्न प्रकार की

आत्मा है। हम डाकिनों (डायनों) में विश्वास करते हैं और यदि डायनें देवदूत मानी जाती हैं तो डायनें तो बहुत हैं।

मन शरीर या शरीर मन को क्या जोड़े रखता है?

चित्त का स्थूल रूप या स्तर चित्त का स्थूल स्तर शरीर के कारण होता है। वह शरीर के अंत के साथ ही समाप्त हो जाता है। परंतु सूक्ष्मतर स्तर पर एक भिन्न प्रकार का चित्त या चेतना रहती है। उदाहरणार्थ, जब आप नींद से जागते हैं तो उस समय चेतना का, मन का, एक निश्चित स्तर होता है, जो क्रियाशील रहता है। जब हम सो रहे होते हैं, चाहे वह गहरी निद्रा हो या स्वप्नवाली निद्रा, चेतना या चित्त का एक निश्चित स्तर तब भी क्रियाशील रहता है।

इसके अतिरिक्त स्वप्न-रहित गहरी निद्रा में चित्त का एक अन्य स्तर विद्यमान होता है। जब आप मूर्च्छित होते हैं या श्वास नहीं ले रहे होते हैं तब वह और सूक्ष्म हो जाता है।

चित्त का सूक्ष्मतम स्तर हमारी मृत्यु के समय होता है। जैसे ही हृदय गति रुकती है, मस्तिष्क काम करना बंद कर देता है, तब चित्त का सूक्ष्मतम स्तर प्रकट होता है। इसका एक साक्ष्य वे व्यक्ति हैं जो चिकित्सकीय रूप से मृत घोषित हो चुके हैं, किंतु उनके शरीर क्षय न होकर ताजा बने रहते हैं। कुछ मामलों में शरीर दो से तीन सप्ताह तक वैसा ही बना रहता है। हमें विश्वास है कि शरीर के भीतर सूक्ष्म चित्त अब भी है और इसीलिए शरीर क्षय नहीं होता। इस प्रकार चित्त के कई स्तर हैं। कुछ इस शरीर पर अत्यधिक निर्भर होते हैं, जबकि अन्य न्यूनाधिक मात्रा में उससे स्वतंत्र होते हैं।

निर्वाण के बाद क्या होता है?

यह इस पर निर्भर है कि किस प्रकार का निर्वाण आपने कार्यान्वित किया है। उदाहरणार्थ, यदि आपने ऐसा निर्वाण प्राप्त किया है, जिसमें केवल कष्टदायी भावनाओं का अंत होता हो तो आपको प्रबोधन या बुद्धत्व प्राप्त करना अब भी शेष रहता है।

हम घृणा को कैसे वश में कर सकते हैं ?

इस संबंध में सबसे महत्त्वपूर्ण कार्य है—नकारात्मकता या घृणा के दुष्परिणामों पर विचार करना। इस प्रकार के विश्लेषण से आप घृणा को विकसित न करने के लाभ समझ सकेंगे। जब हम घृणा को वश में करने की बात करते हैं तो इसे दो स्तरों पर समझा जा सकता है—प्रथम, हमारे दैनंदिन जीवन में घृणा को उभरने का अवसर न देना और द्वितीय, घृणा के ध्वंसात्मक स्वभाव एवं उसके दुष्परिणामों के बारे में विचार करना।

इस प्रकार के चिंतन से आप घृणा के पात्र से स्वयं को दूर कर लेंगे और अपने दैनिक जीवन में घृणा को उभरने नहीं देंगे। घृणा को जड़ से उखाड़ने के लिए आपको अधिक गहरी आध्यात्मिक पद्धतियाँ अपनानी होंगी। ये मुख्यतः चित्त को एकाग्र करने या चित्त को शांत रखने के अभ्यास हैं और जो रिक्तता या चरम वास्तविकता से साक्षात्कार हेतु गहरी अंतर्दृष्टि प्रदान करते हैं।

प्रायः मैं पूछता हूँ—घृणा और ईर्ष्या जैसी नकारात्मक भावनाओं का लाभ क्या है ? वह व्यक्ति की मानसिक शांति के लिए हानिकारक है। ये हमारे वास्तविक शत्रु हैं। बाह्य शत्रु हम पर आक्रमण करने और हमारी मानसिक शांति नष्ट करने की एक सीमित सामर्थ्य रखते हैं। बाह्य शत्रु हमारी मानसिक शांति नष्ट नहीं कर सकते; परंतु जैसे ही घृणा जैसी भावना हमारे मन में उठती है, यह आंतरिक शत्रु हमारी मानसिक शांति छीन लेता है।

ऐसे आंतरिक शत्रु हमारे स्वास्थ्य को भी हानि पहुँचाते हैं। उदाहरण के लिए, तीन वर्ष पहले न्यूयॉर्क में मैं कुछ वैज्ञानिकों से मिला। एक चिकित्सा-विज्ञानी ने अपनी प्रस्तुति में यह स्पष्ट किया कि उन लोगों को—जो 'मुझे', 'मेरा' और 'मैं' शब्दों का अधिक प्रयोग करते हैं—हृदयाघात की आशंका अधिक रहती है। यह नितांत स्वाभाविक है।

जिस क्षण हम हमारे, मुझे आदि के बारे में सोचते हैं, तब हम बहुत आत्मकेंद्रित और संकुचित विचारोंवाले व्यक्ति बन जाते हैं। हमारा कार्यक्षेत्र बहुत सीमित हो जाता है। ऐसी परिस्थितियों में छोटी समस्याएँ बड़ा रूप धारण कर असहनीय प्रतीत होती हैं और गहरी चिंता उत्पन्न कर देती हैं।

दूसरी ओर, जिस क्षण व्यक्ति अन्य लोगों के कल्याण की बात सोचता है, उसका मन स्वतः विशाल हो जाता है।

बुद्धवादी व्यवहार में व्यक्ति असंख्य प्राणियों की समस्याओं और दुःखों के बारे में सोचता है। वह केवल पहले और दूसरे प्रकार के दुःखों के ही नहीं, तीसरे प्रकार के दुःखों के बारे में भी सोचता है। इससे वह और अधिक ज्ञानवान् व संवेदनशील हो जाता है तथा उसका मन और भी विशाल हो जाता है। इस प्रकार व्यक्ति की समस्याएँ नगण्य हो जाती हैं।

व्यक्ति की मानसिक प्रवृत्ति और दृष्टिकोण बहुत महत्त्व रखते हैं। कष्टदायी भावनाएँ उसके स्वास्थ्य के लिए हानिकारक होती हैं और ये नकारात्मक भावनाएँ हमारे मन में सक्रिय होकर पनपती रहती हैं। ऐसा व्यक्ति जहाँ भी जाता है, समस्याएँ खड़ी कर देता है। इसके विपरीत, एक शांतचित्त, संवेदनशील व्यक्ति के मित्रों की संख्या अधिक होती है। ऐसा व्यक्ति जहाँ भी जाता है वहाँ शांत वातावरण होता है। यहाँ तक कि पशु भी उससे प्यार करते हैं।

हमारे जीवन का उद्देश्य सुख, आनंद, संतोष और शांति पाना है। यह सब पाने के लिए मनोवृत्ति या बाह्य वस्तुओं पर बहुत कुछ निर्भर करता है। अतः इन बातों पर विचार कीजिए। अपनी मनोवृत्ति के रूपांतरण का यह सर्वोत्तम उपाय है।

यदि आप अन्य प्राणियों की तुलना में अपने परिवारजनों का अधिक ध्यान रखते हैं तो क्या यह स्वार्थी होना है ?

देखभाल दो प्रकार की होती है। यदि आप केवल परिवार का ध्यान रखते हैं और अन्य प्राणियों की बिलकुल परवाह नहीं करते तो यह आसक्ति होगी। परंतु यदि आप सभी प्राणियों की सेवा करते हैं तो आपका परिवार भी इन प्राणियों में शामिल है। इस आशय की बात आप परिवारजनों से सीधे भी कह सकते हैं। आपकी सेवा से लाभान्वित प्राणियों में आप स्वयं को भी शामिल करते हैं।

यह आवश्यक और उत्तम है। वास्तव में कभी-कभी जब हम प्रार्थना करते हैं तो हम सभी प्राणियों का भला चाहते हैं—अपने पड़ोसी को छोड़कर!

इसलिए हमें लड़ना पड़ता है। केवल दूरस्थ प्राणियों के लिए प्रार्थना करना त्रुटिपूर्ण है। जब हम सभी प्राणियों के लिए प्रार्थना करते हैं तो यह प्रार्थना परिवारजनों या पड़ोसियों तक पहले पहुँचती है। इसलिए अपने पड़ोसी के लिए प्रार्थना करें, तभी आपका यह कथन सही होगा कि आप सचमुच सभी प्राणियों के लाभ के लिए कार्य कर रहे हैं।

एक शिक्षक के रूप में बच्चों को प्रेम और संवेदना के बारे में कैसे शिक्षा दे सकता हूँ?

अपने व्यवहार के द्वारा। अपना उदाहरण—केवल शब्द द्वारा नहीं—रखकर। इसलिए बच्चों के कल्याण, उनके दीर्घकालिक भविष्य के लिए एक सच्चा सरोकार अपने भीतर विकसित करें। आप अपने विद्यार्थियों को सेवा-भावना, संवेदना और सहन-शक्ति के महत्त्व को समझा सकते हैं। एक अति महत्त्वपूर्ण अवधारणा है—संवाद और सामंजस्य की प्रवृत्ति; क्योंकि मानव समाज में संघर्ष और अंतर्विरोध होते ही हैं।

अंतर्विरोध अपने आप में एक अच्छी चीज है। उदाहरणार्थ, चार महान् सत्य भी विरोधाभासी हैं। अंतर्विरोध विकास में सहयोगी हो सकते हैं। दूसरी ओर अंतर्विरोध नकारात्मक भी हो सकते हैं तथा संघर्ष, खून-खराबा और युद्ध तक ले जा सकते हैं। आधारभूत नैतिक मूल्यों सहित ज्ञान और जागरूकता बढ़ाने के लिए शिक्षा एक अति महत्त्वपूर्ण मार्ग है।

क्या रिक्तता और अस्मिताविहीनता एक ही घटना है?

कदाचित् 'रिक्तता' शब्द का विस्तृत अर्थ है, क्योंकि जब हम 'अस्मिताविहीनता' शब्द का प्रयोग करते हैं तो उसका तात्पर्य न केवल विषय के अंतर्निहित अस्तित्व के अभाव से है, अपितु स्वानुराग के अभाव से भी है।

परमपावन, नई सहस्राब्दी के लिए आपका क्या संदेश है?

हाँ, यह प्रश्न कई लोग करते हैं। यदि हम वास्तव में एक सुखी

सहस्राब्दी चाहते हैं तो हमें उसकी तैयारी करनी होगी। जिस होटल में मैं ठहरा हूँ, वहाँ भी कुछ सजावट की गई है। उन्होंने कुछ संदूक तैयार किए हैं और मुझे अचरज है कि उन संदूकों में क्या होगा। ये बाह्य वस्तुएँ हैं। मेरा विचार है, एक अच्छी और सुखी शताब्दी के लिए आंतरिक तैयारियों की आवश्यकता है।

कभी-कभी मैं लोगों से विनोद में कहता हूँ कि सहस्राब्दी की पूर्व संध्या पर उन्हें सोना नहीं चाहिए। उन्हें ठहरकर देखना चाहिए कि किस प्रकार की सहस्राब्दी आती है। और फिर प्रतीक्षा करते रहें, करते रहें…जब तक सदा की तरह सुबह न हो जाए। फिर सदा की तरह सूर्योदय होगा। फिर संभवतः कुछ नया नहीं होगा तो वे फिर सोने चले जाएँगे।

तथापि अब थोड़ी गंभीरता से कहूँगा, यदि हम यह अपेक्षा करते हैं कि नई सहस्राब्दी नए अवसर और नई वस्तुएँ लेकर आएगी तो यह नहीं होनेवाला। सदा की भाँति सामान्य दिन और रात होंगे। महत्त्वपूर्ण यह है कि व्यक्ति भीतर से बदले। आशा है तो जहाँ है।

यदि हम पिछली शताब्दी की समीक्षा करें तो हम देखते हैं कि पृथ्वी पर महान् परिवर्तन हुए हैं। कुछ परिवर्तन सकारात्मक थे तो कुछ नकारात्मक। जो भी हो, मेरा विश्वास है कि उसके विभिन्न अनुभवों के कारण संपूर्ण मानव जाति परिपक्व हो रही है। मैं सोचता हूँ, हमारे मन अधिक खुले हैं। इसके अतिरिक्त हमारे कृत्यों के दूरगामी परिणामों और पर्यावरण पर हुए प्रभावों के प्रति अधिक जागरूकता उत्पन्न हुई है। सबकुछ हमारे कार्यों पर निर्भर है।

(—कॉन्स्टिट्यूशन क्लब लॉन्स, 1999)

□

नकारात्मक भावनाओं पर विजय पाना

जब मैं स्वयं को देखता हूँ तो पाता हूँ कि पिछले कई वर्षों में शरीर में विभिन्न परिवर्तन हुए हैं। दिन-प्रतिदिन हम सभी की आयु बढ़ रही है; परंतु साथ ही हमारा ज्ञान तथा हमारा अनुभव भी बढ़ रहा है। लेकिन ज्ञान प्राप्त करना उसे व्यवहार में लाने से सरल है। उसका कार्यान्वयन एवं उसके अनुसार आचरण करना आसान नहीं है। मेरे अपने लिए भी यह कठिन है। तथापि जब मैं अपने आज के विचार की तुलना बीस वर्ष पहले के विचारों से करता हूँ तो मुझे उनमें कुछ परिवर्तन, कुछ प्रगति दिखाई देती है। यह महत्त्वपूर्ण नहीं है कि प्रगति कितनी हुई है; बस, कुछ प्रगति होनी चाहिए।

अतः एक दृष्टि से चित्त का परिवर्तन या प्रगति अथवा रूपांतरण सरल है तो दूसरी दृष्टि से कठिन। परंतु एक बात बिलकुल स्पष्ट है—मैं आपको विश्वास दिलाता हूँ कि यदि आप संकल्प और प्रतिबद्धता के साथ निरंतर प्रयास करते हैं तो चित्त परिवर्तित हो सकता है। इसलिए यदि आपको ऐसा लगे कि प्रगति बहुत धीमी है तो भी प्रयास करते चले जाने में बुद्धिमानी है, क्योंकि आप बदल रहे हैं। यदि आप कोई नाटकीय परिवर्तन नहीं ला पा रहे हैं, आप न्यूनतम परिवर्तन ही ला पा रहे हैं, फिर भी परिवर्तन तो वह निश्चित रूप से है। बौद्ध धर्म में और कुछ प्राचीन हिंदू परंपराओं में, हम पुनर्जन्म—जीवन के पश्चात् जीवन—में विश्वास करते हैं। अतः इस जीवन में यदि हम आध्यात्मिक क्षेत्र में विकास करते हैं तो एक सीमित प्रगति भी हमारे अगले जीवन को प्रभावित करेगी। अगले जन्म के प्रयास प्रगति को जारी रखेंगे। इस

जन्म में प्राप्त की गई नवीन प्रगति भी अगले जीवन पर सकारात्मक प्रभाव डालेगी।

इसीलिए शाक्य मुनि बुद्ध हमसे कहते हैं कि एक साधक को दिनों और घंटों नहीं, अपितु युगों की भाषा में बोलना चाहिए। बौद्ध दृष्टिकोण से हमारा जीवन अनादि है। दुःख-भोग पर विजय प्राप्त करने की इच्छा आरंभ से है। परंतु ऐसी इच्छा मात्र से लक्ष्य की प्राप्ति नहीं होती। ऐसी इच्छा के साथ हमें सही और उचित पद्धति अपनानी होगी। हमें बिना थके प्रयास करते रहना होगा—वर्षों और युगों की बात भुलाकर। तभी हमारे दुःखों का अंत होगा। बुद्ध ने यह स्पष्ट रूप से करके दिखाया।

तिब्बती बौद्ध परंपराओं के अनुसार, हममें से अधिसंख्य लोग यह सोचते हैं कि 'ओम मणि पेदमे हम' का जाप करना सभी प्राणियों, विशेषतः वे लोग जो कठिन स्थितियों का सामना कर रहे हों, के लिए उत्तम है। अतः सबसे पहले गुजरात के भूकंप से प्रभावित लोगों के लिए हम 'ओम मणि पेदमे हम' का जाप सौ बार करेंगे।

आज के समाचार-पत्र के अनुसार, 20 हजार व्यक्ति इस भूकंप में मारे गए हैं। उनके बारे में सोचिए जो मारे गए हैं या घायल हुए हैं या जिन्होंने अपने परिवारजनों को खो दिया है। प्रभावित पशुओं के बारे में भी सोचिए। निस्संदेह कुत्ते, बिल्ली और अन्य पशु भी प्रभावित हुए हैं।

सभी सचेतन प्राणियों, विशेषतः मनुष्यों को याद कीजिए और उन निर्धन लोगों को, जो वैसे भी कठिनाइयों में जी रहे थे, दुःखद अंत को प्राप्त हुए। यह सब सचमुच अत्यंत दुःखद है।

अब मैं आपके साथ अपनी उन भावनाओं, विचारों और अनुभवों का उल्लेख करूँगा, जो कुंभ मेले में हुए थे। मैं दो दिन वहाँ था। वास्तव में यह मेरा पहला प्रवास नहीं था। सन् 1966 में मैंने एक अन्य कुंभ मेले के दर्शन किए थे। उस समय मेरा प्रवास बहुत कम समय का था, जिससे संतों के साथ निजी चर्चाओं व वार्त्ताओं का अवसर नहीं मिल पाया। अतः इस बार सार्वजनिक समारोहों के अतिरिक्त मुझे शंकराचार्य और कुछ अन्य संतों से चर्चा करने का अवसर मिला।

जब मैं सन् 1966 में पहली बार कुंभ मेले में गया तो मुझे एक बौद्ध संगठन से कुछ पत्र मिले थे, जिनमें एक हिंदू धर्मोत्सव में मेरे भाग लेने पर क्षोभ व्यक्त किया गया था। इस बार भी मेरे कुछ मित्रों ने मेरे इस प्रवास पर कुछ अप्रसन्नता जताई। तब मैं समझता हूँ कि लोग भी यह जानते हैं, मानवीय मूल्यों और धार्मिक सहिष्णुता के संवर्धन के प्रति अपने लगाव और प्रतिबद्धता के बारे में मैंने विचार किया। इन दो प्रतिबद्धताओं के प्रति मैं मृत्युपर्यंत समर्पित रहूँगा।

पंद्रह से अधिक वर्षों से जब-जब भी मुझे अवसर मिला है, मैंने विभिन्न धार्मिक परंपराओं के पवित्र स्थलों, यथा येरूशलम या फ्रांस के लॉर्ड्स की यात्रा की है। भारत में भी जब मैं किसी सुविख्यात तीर्थ, मसजिद, मंदिर या चर्च के समीप होता हूँ तो वहाँ जाकर सम्मान प्रकट करता हूँ। मुझे लगा कि कुंभ मेले में भाग लेने से भारत के प्राचीन हिंदू धर्म के प्रति आदर व्यक्त करने का एक अच्छा अवसर प्राप्त होगा। मैं चौवालीस वर्षों से इस देश में हूँ और अन्य परंपराओं का आदर करने, उनसे कुछ सीखने को मैंने सदा महत्त्व दिया है। अपनी यात्राओं में मैं विदेशी मूल के धर्मों या ईसाई, इसलाम, यहूदी आदि और भारतीय मूल के धर्मों जैसे—हिंदू, जैन, बौद्ध, सिख आदि सभी को सम्मिलित करता हूँ। मैं सोचता हूँ कि भारतीय मूल के इन धर्मों में एक विशिष्ट प्रकार का अंतरंग संबंध है।

बुद्ध के समय में बौद्ध और बौद्धेतर परंपराओं के मध्य वाद-विवाद और परिचर्चाएँ होती रहती थीं। नागार्जुन, आर्यदेव, बुद्धपालित, चंद्रकीर्ति, धर्मकीर्ति और बाद में शांतरक्षित, कमलशील तथा अन्य महान् बौद्ध गुरुओं ने प्राचीन हिंदू विचारधारा पर विस्तार से लिखा है। मैं समझता हूँ कि इस प्रकार का तर्क अत्यंत उपयोगी और मोहक है। बौद्ध धर्म के अंतर्गत भी बहुत वाद-विवाद और परिचर्चाएँ हैं।

मैं समझता हूँ कि दो परस्पर विरोधी दृष्टिकोण हों। उनमें से प्रत्येक की प्रभावशीलता पर चर्चा करने से बुद्धि तीक्ष्ण होती है। ये चर्चाएँ राजनीतिक कलह जैसी नहीं होतीं। ये बहुत सकारात्मक होती हैं। मैं सोचता हूँ कि इनके बिना बुद्धिवादी तर्क-प्रणाली या विचारशीलता कम विकसित होगी। मैं समझता

हूँ कि ये वाद-विवाद और परिचर्चाएँ बहुत सहायक होती हैं, किंतु अदूरदर्शी और संकुचित बुद्धि के लोग कभी-कभी इन वाद-विवादों पर कड़ा रुख अपनाते हैं। ये वाद-विवाद विभाजन उत्पन्न करते हैं तथा कलह और संघर्ष को जन्म देते हैं। इसीलिए विरोधी विचारों का सम्मान और उनसे कुछ सीखने को मैं लाभप्रद मानता हूँ।

बुद्ध ने अपने जीवन के आरंभिक काल में सिद्ध के रूप में हिंदू परंपरा से बहुत कुछ सीखा था। फिर उन्होंने प्रयोग किए और प्रबोधन प्राप्त किया। ऐसा करने में उन्होंने कई प्राचीन हिंदू परंपराओं, धारणाओं और विचारों को नकार दिया; परंतु साथ ही उनमें से यथाशील, समाधि और विपश्यणा को स्वीकार भी किया। बौद्ध और बौद्धेतर मतों में विभाजन अनात्मा और आत्मा के सिद्धांत को लेकर है। अनात्मा मेरा मामला है, आत्मा उनका मामला। यह कोई समस्या नहीं है।

मैं अनात्मा में विश्वास करता हूँ और यह अत्यंत लाभदायक है। वह मेरे विचारों और भावनाओं के लिए सहायक सिद्ध होता है; परंतु उनके लिए आत्मा का सिद्धांत या उसकी अवधारणा अति उपयोगी है। मैं इस प्रकार के विभाजन स्वीकार करता हूँ। मैं समझता हूँ कि जब मैं अन्य परंपराओं से अधिक अंतरंग संबंध बनाने का प्रयास करता हूँ तब मुझे इन परंपराओं के आधारभूत विचारों की समझ बढ़ाने के लिए और अधिक प्रयत्न करना होगा।

तो कुंभ मेले में भाग लेने के ये मुख्य कारण हैं। दो दिन वहाँ रहकर मुझे सचमुच संतोष मिला। मैं वहाँ उपस्थित हिंदू धर्मगुरुओं की प्रशंसा करता हूँ। उनके बहुत खुले विचार हैं। मैं जैसे ही सम्मेलन स्थल पर पहुँचा, एक धर्मगुरु ने मेरा हाथ कसकर पकड़ा और बौद्ध प्रार्थना 'बुद्धं शरणं गच्छामि' का पाठ किया—सुंदर ही नहीं बल्कि अति सुंदर! अपने भाषण में उन्होंने स्पष्ट किया कि बुद्ध ने संवेदना, महा करुणा और अहिंसा का प्रसार किया। बाद में एक अन्य शंकराचार्य ने कहा कि यह बहुत महत्त्वपूर्ण है कि हम और पास आएँ। यह अद्भुत है और मैं समझता हूँ कि यह एक नई शुरुआत है।

यह समझा जा सकता है, किंतु दुःखद है कि इस देश के कुछ बौद्धधर्मी, विशेषतः नवबौद्धवादी हिंदुओं के लिए नकारात्मक भाव रखते हैं। यह

अलाभप्रद है। अन्य के लिए नकारात्मक सोच रखना बुद्धवादी मार्ग नहीं है। जहाँ तक हिंदुओं का प्रश्न है, अब समय आ गया है कि जाति व्यवस्था और अन्य कालातीत रीति-रिवाजों को बदला जाए। हमें यह खुलकर स्वीकार करना चाहिए—ये रिवाज कालातीत हो चुके हैं। मैं सभी नकारात्मक भावनाओं और कुरीतियों को समाप्त करने के लिए अधिक संगठित काररवाई की आकांक्षा रखता हूँ। यदि दूसरों की आलोचना करने के बजाय हम उन्हें समझने का प्रयास करें और अपने संबंध सुधारें तो राजनीतिज्ञों और अन्य शरारती लोगों, जो धार्मिक मतभेदों को भुनाने का प्रयत्न करते हैं, को अलग-थलग किया जा सकेगा।

मैंने यह सचमुच अनुभव किया कि कुंभ मेले की मेरी तीर्थयात्रा मुझे एक छोटा सा अंशदान देने का अवसर देती है। एक और महत्त्वपूर्ण बात—मेरे वहाँ पहुँचने से पहले मैंने सुना था कि वहाँ बहुत धूल होगी। मुझे लगा कि मुझे फ्लू हो जाएगा। सौभाग्य से धूल के बावजूद फ्लू नहीं हुआ। एक अन्य बात मैं अपने बौद्ध मित्रों, विशेषत: तिब्बती बौद्ध मित्रों, के साथ बाँटना चाहता हूँ। कुंभ मेले में ढाई करोड़ से अधिक लोग एकत्र हुए और सभी तीर्थयात्री शुद्ध शाकाहारी थे। एक पशु का भी बलिदान नहीं किया गया। मैं सोचता हूँ कि यह एक आश्चर्यजनक बात है। यदि 10 हजार तिब्बती कहीं एकत्र हों तो कसाइयों को बहुत व्यवसाय मिलेगा। किंचित् यह दुर्भाग्यपूर्ण है।

कुछ वर्षों से हम और मठ से संबंधित कुछ संस्थाएँ मठों में शाकाहार का प्रचलन बढ़ाने का प्रयास कर रहे हैं। जब हम बड़े सामूहिक आयोजन करते हैं तब हमें भी ऐसा ही प्रयास करना चाहिए। मैं सोचता हूँ, हमें इस बात का ध्यान रखना चाहिए।

अब भावनाओं के विषय पर वापस लौटें। भावनाओं के बिना हमारा जीवन रंगहीन हो जाएगा। भावनाएँ उत्तम भी हो सकती हैं; परंतु मैं सोचता हूँ कि यह आवश्यक है कि हमें भावनाओं के बीच भेद करना होगा। कुछ भावनाएँ थोड़े समय के लिए आकर्षक लगती हैं, परंतु दीर्घकाल में ध्वंसात्मक हो जाती हैं। कुछ तो आरंभ में विचलित कर देनेवाली होती हैं, परंतु दीर्घकाल

में त्वरित लाभ देती हैं। किस प्रकार की भावनाएँ उपयोगी हैं और कौन सी नकारात्मक एवं त्याज्य हैं, यह जानना और उनमें भेद करना महत्त्वपूर्ण है। यहाँ पहली बात यह है कि पेड़-पौधों सहित सभी प्राणियों को जीने का अधिकार है। फिर प्राणियों में वे सभी, जो पीड़ा और दुःख का अनुभव करते हैं, उन्हें न केवल जीने का बल्कि सुखपूर्वक जीने का अधिकार है। यह हमारा मौलिक अधिकार है। उन भाव-प्रवण प्राणियों, जिनमें बोध-क्षमता है, की आकांक्षा होती है कि वे पीड़ा और दुःख पर विजय प्राप्त करें तथा सुख और आनंद प्राप्त करें। अनुभवों के दो स्तर पीड़ा या आनंद देते हैं। एक प्रमुख रूप से अनुभूतिपरक है। जब हम कुछ अच्छा या सुंदर देखते हैं तो उससे हमें संतोष प्राप्त होता है। एक मधुर स्वर हमें आनंद देता है। इस मामले में मनुष्य और पशु समान अनुभूति रखते हैं। अनुभूति के स्तर पर हम संतोष या आनंद या शारीरिक कष्ट अनुभव कर सकते हैं।

मनुष्यों के लिए अनुभूति का स्तर अति महत्त्वपूर्ण है। इसलिए भौतिक सुख-सुविधाएँ आवश्यक और उपयोगी हैं, क्योंकि इस स्तर पर वे हमें सुख पहुँचाती हैं। इन सुखों में पक्षियों और पशुओं के साथ सुंदर उपवन, संगीत के स्वर, मनोहर सुगंध, सुस्वादु भोजन और यौन-सुख सहित अन्य स्पर्श आदि सम्मिलित हैं। ये सब आनंद हममें और पशुओं में समान हैं।

तथापि यदि हम इसी स्तर पर केंद्रित हो जाएँ तो मनुष्य के रूप में हम पूर्ण नहीं होंगे। अपनी बुद्धि के कारण हमारी स्मरण-शक्ति पशुओं की तुलना में बेहतर है। हमारी कल्पना-शक्ति में दूर तक न केवल इस जीवन की घटनाओं को, बल्कि कई जन्मों और पीढ़ियों तक देख पाने की अद्‌भुत क्षमता है। अपने अतीत की घटनाओं को याद रखने की क्षमता को हमने अपने सहस्रों वर्षों के अनुभवों को लिपिबद्ध और संगृहीत कर रखा है। परंतु हमारी बुद्धि के ही कारण हमारी चिंताओं के स्रोत बढ़ जाते हैं और इसी कारण कभी-कभी हमारी अपेक्षाएँ बढ़ जाती हैं, जिनसे संदेह, भय और अविश्वास का जन्म होता है। ये नकारात्मक भावनाएँ पशुओं की अपेक्षा हममें अधिक शक्तिशाली होती हैं।

स्पष्ट रूप से कुछ दुःखदायी अनुभव मानवीय बुद्धि के कारण होते हैं।

भौतिक सुखों के माध्यम से ऐसे दुःखदायी अनुभवों से छुटकारा नहीं पाया जा सकता है। हम उन धनवान् व्यक्तियों को देखते हैं, जिनके पास सब प्रकार की भौतिक सुविधाएँ हैं और इस वैभव को लेकर चिंता की कोई बात नहीं है। फिर भी ये लोग मानसिक संताप से ग्रस्त रहते हैं। अतः मानसिक कष्ट या असंतोष या अशांति केवल भौतिक सुविधाओं से दूर नहीं की जा सकती। दूसरी ओर, यदि मानसिक स्तर पर सुख और संतोष हो तो भौतिक असुविधाओं को सरलता से झेला जा सकता है। कुछ मामलों में शारीरिक कष्टों या भौतिक अभावों को सहन करते हुए भी अधिक मानसिक संतोष पाया जा सकता है।

जब आप मानसिक रूप से तैयार होते हैं तब कितने भी भौतिक कष्टों का सामना कर सकते हैं। अतः मानस-स्तरीय अनुभव अनुभूति के स्तर पर होनेवाले इंद्रियग्राही अनुभवों से श्रेष्ठ होते हैं। यही कारण है कि भौतिक प्रगति या विकास आवश्यक है; परंतु केवल भौतिक लाभ संतोष नहीं दे सकता, यह मनुष्य की सभी आवश्यकताओं की पूर्ति नहीं कर सकता। हम मनुष्यों की आवश्यकताएँ (मात्र भौतिक लाभ से) कुछ अधिक हैं। नकारात्मक भावनाएँ हमारी भावनाओं का वह भाग है, जो हमारी मानसिक शांति और सुख का संहारक है।

गहरी संवेदना, सेवाभाव और दूसरों के लिए सरोकार जैसी भावनाएँ भी तीव्र हो सकती हैं; परंतु ये आपके मन को आंदोलित नहीं करतीं। वास्तव में इन भावनाओं को सायास विकसित किया जाता है। ये प्रशिक्षण और बुद्धिमत्ता से मन में उठती हैं, तत्काल उत्पन्न नहीं होतीं; परंतु अन्य भावनाएँ, जैसे क्रोध और ईर्ष्या मन में तत्काल उभरती हैं, भले ही उनके उभरने का आपके पास कोई सतही कारण हो। ये भावनाएँ प्रायः ध्वंसात्मक होती हैं, जबकि गहरी करुणा, संवेदना, सेवाभाव और अन्य से सरोकार जैसी भावनाएँ दीर्घकाल में लाभदायक, उपयोगी और सहयोगी सिद्ध होती हैं। नकारात्मक और सकारात्मक भावनाओं में भेद इस सत्य के आधार पर है कि स्वभाव से हम सभी सुख पाना चाहते हैं, दुःख नहीं। इसलिए कोई भी बात, चाहे वह बाह्य हो या आंतरिक, जो अंततः सुख लाती हो, सकारात्मक है। जो बात

पीड़ादायक अनुभव लाती है, वह नकारात्मक है। जहाँ तक बौद्ध विचारणा का प्रश्न है, मौलिक नियम है—हम आनंद चाहते हैं। आनंद पाना हमारा मौलिक अधिकार है। अतः वे बातें, जो गहरा संतोष, प्रसन्नता और सुख उत्पन्न करती हैं, सकारात्मक हैं, क्योंकि यह वही है जिसकी हमें तलाश है। नकारात्मक भावनाएँ हमारे सुख को नष्ट कर देती हैं।

मैं आपसे उन तीन स्तरों की चर्चा करूँगा जिनपर आप नकारात्मक भावनाओं का प्रतिकार कर सकते हैं। प्रथम स्तर एक धर्मनिरपेक्ष नीतिशास्त्र का अनुसरण करता है और किसी धार्मिक विश्वास से संबद्ध नहीं है। वह है एक निश्चित परिस्थिति में क्या होता है, इसका अपनी बुद्धि से विश्लेषण करना। अपनी नकारात्मक भावनाओं के दीर्घकालिक और अल्पकालिक लाभों एवं परिणामों की पहचान से आरंभ करें। जब हम उनके दीर्घकालिक नकारात्मक परिणामों को जान लेंगे तो उन पर सायास अंकुश लगा देंगे। दूसरों के प्रति उत्कट दुर्भावना, जैसे घृणा के संभावित परिणामों पर विचार करें। जैसे ही किसी के प्रति उत्कट दुर्भावना उपजती है, व्यक्ति की मानसिक शांति तुरंत ओझल हो जाती है। उसकी शांत निद्रा भी छिन जाती है। अंततः हमारी पाचन-शक्ति क्षीण हो जाती है और इस तरह व्यक्ति का शारीरिक स्वास्थ्य चौपट हो जाएगा। तीव्र नकारात्मक भावनाएँ मानसिक शांति और अच्छे स्वास्थ्य के लिए घातक हैं। इसके अतिरिक्त यदि आप दूसरों के प्रति तीव्र नकारात्मक भावनाएँ रखते हैं तो अंततः आप अनुभव करेंगे कि अन्य लोग भी आपके प्रति वैसी ही भावना रखते हैं। परिणामस्वरूप जब आप किसी से मिलते हैं तो आपके मन में संदेह, घबराहट और सहजता के भाव उत्पन्न होते हैं।

मैं समझता हूँ कि इस प्रकार की संदेहपूर्ण मनोवृत्ति मानव स्वभाव के विरुद्ध है, क्योंकि हम सामाजिक प्राणी हैं। हम इसे पसंद करें या न करें, हमें मनुष्य समाज में ही रहना है; अलग रहकर हम जी नहीं सकते। हम अपने लिए एक कठिन परिस्थिति उत्पन्न कर लेते हैं, जब हम उन लोगों से नकारात्मक व्यवहार करते हैं जिनपर हम निर्भर होते हैं। मैं सोचता हूँ कि बड़े शहरों की जनसंख्या एक विशाल मानव समुदाय जैसी दिखाई देती है, फिर भी कई

व्यक्ति बहुत एकाकी अनुभव करते हैं। कभी-कभी दूसरों पर विश्वास तथा उनका आदर नहीं करते।

किसी भी जनसमुदाय में कई व्यक्ति शरारती हो सकते हैं, परंतु साधारणतया यदि आप लोगों से अपने भाइयों और बहनों जैसा व्यवहार करें तो वे भी आपसे वैसा ही व्यवहार करेंगे। हम जानते हैं और कह सकते हैं कि अन्य लोग भी वैसा ही अनुभव करते हैं जैसा हम करते हैं। मुझमें क्रोध है। उसी प्रकार दूसरों में भी क्रोध है। कभी-कभी मुझे किसी से ईर्ष्या होती है तो अन्य को भी होती है। हममें कोई भिन्नता नहीं है, इसलिए मैं दूसरों से वैसा ही व्यवहार करता हूँ जैसा स्वयं से करता हूँ। छिपाने के लिए कुछ नहीं···खुला, सीधा। इस प्रकार मित्रता बढ़ती है।

आप स्पष्ट रूप से देख सकते हैं कि हम जीवन में जितना दुःख अनुभव करते हैं, उसका एक बड़ा भाग हमारी बौद्धिक त्रुटियों के कारण आता है—हम स्थितियों का विश्लेषण नहीं करते, इसलिए नकारात्मक भावनाओं का अनुभव करते हैं। नकारात्मक भावनाओं पर विजय पाने के लिए हमें उनके दीर्घकालिक और अल्पकालिक परिणामों के बारे में पता होना चाहिए। हमें किसी विशिष्ट स्थिति की वास्तविकता का भी विश्लेषण करना होगा। वास्तविकता परस्पर निर्भर अंशों से बनी होती है। घटनाएँ कई कारणों और परिस्थितियों से उपजती हैं। यह एक वास्तविकता है; परंतु हमारे मन में, हमारी समझ में यदि कोई अप्रिय घटना घटती है तो हम किसी एक कारण को इंगित करते हैं और उसे ही दोषी मान लेते हैं। फिर हम क्रोध करते हैं; परंतु यदि हम ध्यान से देखें और यदि हमारा आकलन सही है तो हम जान पाएँगे कि ऐसी घटनाएँ कई कारणों और परिस्थितियों से होती हैं, जिनमें से एक है व्यक्ति की मनोवृत्ति। इसलिए यदि हम जानते हैं कि वास्तव में घटना के कई कारण हैं तो किसी एक घटक को दोष नहीं देंगे।

इसी प्रकार, अच्छी बातें भी कई कारणों, कई कारकों से होती हैं। यदि हम यह समझ लेते हैं तो अच्छे और बुरे के बीच भेद करने का आधार कुछ क्षीण हो जाता है। यदि कोई हमसे लाभ उठाता है तो यह गलत है, अन्यायपूर्ण है। हमें उसे रोकना होगा, उसका प्रतिकार करना होगा; परंतु नकारात्मक

भावनाओं के बिना। यह संभव है और वास्तव में ऐसे उपाय अधिक प्रभावी होते हैं। अतः वास्तविकता के बोध और उसके सुपरिणामों से हम अपनी मनोवृत्ति बदल सकते हैं। अंततः हम एक दृढ़ विश्वास तक पहुँच सकते हैं कि कुछ भावनाएँ निरुपयोगी हैं और हानिकारक सिद्ध हो सकती हैं। यदि एक बार ऐसा विश्वास उत्पन्न हो जाए तो नकारात्मक भावनाओं से हमारी दूरी और बढ़ जाएगी तथा हम उनका स्वागत नहीं करेंगे। लेकिन जब तक हममें ऐसा विश्वास विकसित नहीं होता तब तक हम इन नकारात्मक, विध्वंसक भावनाओं को अपने मन का स्वयं का एक भाग मानने की भूल करते रहेंगे।

इस संबंध में मैं धार्मिक विषयों पर बात नहीं कर रहा हूँ; परंतु एक-दूसरे के प्रति सद्‌भावना और दूसरों को एक ही समुदाय का सदस्य समझने की भावना से बात कर रहा हूँ। वास्तव में हम सभी वृहद् मानव समाज के ही भाग हैं। यदि संपूर्ण मानव जाति सुखी है, सफल है और सुखद भविष्य की ओर अग्रसर है तो मैं स्वतः ही लाभ में रहूँगा। यदि मानव समाज दुःख झेलता है तो मैं भी दुःखी रहूँगा। मानव समाज एक शरीर के समान है और हम सब उसके भाग हैं। यदि एक बार आप ऐसा अनुभव करें, ऐसी मनोवृत्ति विकसित करें तो आप अपनी सोच में बदलाव ला सकते हैं। सेवाभाव, प्रतिबद्धता, अनुशासन, मानव समाज के साथ एकात्मता—ये सब आज के विश्व में बहुत प्रासंगिक हैं। मैं इसे धर्मनिरपेक्ष नीति कहता हूँ और नकारात्मक भावनाओं के प्रतिकार का यह पहला स्तर है।

इस विषय पर दूसरा स्तर सभी प्रमुख धार्मिक परंपराओं, चाहे वे ईसाई या मुसलिम या यहूदी या हिंदू हों, ने सिखाया है। वे सभी प्रेम, संवेदना, क्षमा, सहनशीलता, संतोष और अनुशासन का संदेश देते हैं। ये सब नकारात्मक भावनाओं के प्रतिकारी उपाय हैं। जब क्रोध आनेवाला हो, जब घृणा भड़कनेवाली हो, तब सहनशीलता के बारे में सोचिए। किसी भी मानसिक असंतोष को पनपने से रोकना महत्त्वपूर्ण है, क्योंकि उसी से क्रोध और घृणा उपजते हैं।

मानसिक असंतोष का प्रत्युपाय है धैर्य। लोभ—मैं यह चाहता हूँ, मैं वह चाहता हूँ—दुःख लाता है और पर्यावरण का विनाश, दूसरों का शोषण

तथा धनवान् और निर्धनों के बीच अंतर। ये सब लोभ और तज्जनित आत्मकेंद्रतता की ही देन हैं। प्रत्युपाय है—संतोष। जब आप लोभी होते हैं तब आपके सुखों पर थोड़ा सा आघात भी आपको पूर्णतया तोड़ देता है। अत: संतोषपूर्ण व्यवहार हमारे दैनिक जीवन में भी उपयोगी है। आत्मानुशासन नकारात्मक भावनाओं के सम्मुख समर्पण को रोकता है और दीर्घकालिक विनाश से हमारी रक्षा करता है। यह अनुशासन विधायी नहीं है बल्कि दीर्घकाल में दयनीय जीवन से स्वयं को बचाने के लिए अपनाया जाता है।

सभी धार्मिक परंपराएँ संवेदना और क्षमा (विकसित करने) की पद्धतियों के बारे में बात करती हैं। यदि हम धर्म में आस्था रखते हैं तो हमें धार्मिक पद्धतियों को गंभीरता और निष्ठापूर्वक अपने दैनिक जीवन में अपनाना चाहिए, तभी हमारा जीवन सार्थक हो सकेगा, अन्यथा कुछ भी नहीं बदलता। उदाहरण के लिए, हम तिब्बती एक जपमाला लेकर कुछ पाठ करते हैं, परंतु हमारा मन कहीं और होता है। हमारे कुछ ईसाई भाई-बहनें रविवार को चर्च में जाते हैं और एक क्षण के लिए अपनी आँखें भी बंद कर लेते हैं; परंतु उसके पश्चात् वे फिर वही जीवन आरंभ कर देते हैं, जिसमें कुछ भी नहीं बदला है। स्वयं को बदलने का वास्तविक अभ्यास चर्च के अंदर नहीं, उसके बाहर है, क्योंकि वहाँ हमें जीवन की वास्तविक स्थितियों का सामना करना होता है, जिनमें क्रोध, ईर्ष्या, अनुराग आदि भावनाओं के पनपने की पूर्ण संभावना होती है। अत: वास्तविक अभ्यास तो हमारे पूजास्थलों से बाहर ही किया जा सकता है।

अभी हाल ही में मैं एक ईसाई पादरी से मिला, जो मेरी राय जानना चाहते थे। उन्हें ऐसा प्रतीत होता था कि लोग ईसाई सिद्धांतों में रुचि नहीं लेते, क्योंकि वे सोचते हैं कि ये सिद्धांत उनके दैनिक जीवन के लिए अधिक प्रासंगिक नहीं हैं। मेरी राय में ईसाई संदेश में किसी कमी के कारण नहीं बल्कि गलत बातों पर जोर देने के कारण ऐसा है। धर्म का अनुसरण केवल प्रार्थना में नहीं अपितु उन पद्धतियों का उपयोग करना है, जिनके बारे में मैं पहले कह चुका हूँ—प्रेम, संवेदना, क्षमा। यदि इन पद्धतियों को गंभीरता से लिया जाए और दैनिक जीवन में व्यवहार में लाया जाए तो वे प्रासंगिक हैं। उदाहरण के

लिए, जब आपको क्रोध आ रहा हो तब याद रखिए, यदि आप सहनशीलता का व्यवहार करेंगे तो ईश्वर प्रसन्न होंगे। जब आप कोई अच्छी वस्तु देखते हैं, तो लोभ और अनुराग विकसित होने लगते हैं। तब आप स्मरण करते हैं कि आप ईश्वर में श्रद्धा रखते हैं और ईश्वर की इच्छाओं की पूर्ति करना चाहते हैं। इससे संतोष का अनुभव होता है और लोभ नष्ट हो जाता है। यदि हम किसी प्रमुख धार्मिक परंपरा के सार-तत्त्व को निष्ठापूर्वक उपयोग में लाएँ तो वह हमारे दैनिक जीवन में स्वतः प्रासंगिक होगा। जीवन अधिक सार्थक हो जाता है। नकारात्मक भावनाओं पर विजय पाने का यह दूसरे स्तर का प्रत्युपाय है।

तीसरा स्तर बुद्धवादी मार्ग है। मूलतः यदि आप सभी प्रकार की कष्टदायी भावनाओं, जैसे क्रोध आदि के मूल कारण को जानने का प्रयास करें तो आपको चार भ्रांत धारणाओं का पता चलेगा। एक भ्रांति विभिन्न प्रकार की वास्तविकताओं को लेकर है। उदाहरणार्थ, जो अस्थायी है, उसे हम स्थायी या अनंत के रूप में देखते हैं। इससे दुःख और मानसिक अशांति उपजती हैं। इसी प्रकार हम दुःख को सुख के रूप में देखते हैं। उदाहरण के लिए, हम प्रदूषित अनुभवों को विलास और सुख का स्रोत मानते हैं और इसी प्रकार जो अपवित्र है उसे पवित्र के रूप में देखते हैं। अपने मनोभौतिक शरीर की अशुद्धियों को हम देख नहीं पाते, उसे स्वच्छ व पवित्र मान बैठते हैं तथा उसपर अनुरक्त हो जाते हैं। जो अस्मिता-रहित है उसमें हम किसी अस्तित्वात्मक स्वतंत्र 'स्व' को आरोपित कर देते हैं। मूलतः इस प्रकार की भ्रांत धारणाएँ हमारे चित्त को भ्रमित कर देती हैं, जिससे सभी प्रकार की कष्टदायी भावनाओं का अभ्युदय होता है।

इसी कारण बुद्ध ने इन्हीं भ्रांतियों का सामना करने के लिए प्रबोधन के सैंतीस अंगों (सोपानों) के बारे में शिक्षा दी है। इनमें उन्होंने चार सतर्कताओं को बनाए रखने की बात कही है। पहली सतर्कता आपके शरीर की प्रकृति के बारे में है। आपके शरीर की वास्तविक प्रकृति इस प्रकार की है कि यह विभिन्न प्रकार के मलिन पदार्थों से बना है। जब आप ध्यान से इसका अध्ययन और उसपर विचार करते हैं तो आप देख सकते हैं कि शरीर की एक अशुद्ध अस्थायी प्रकृति है। जब आप शरीर की प्रकृति का परीक्षण

उसके (होने के) कारणों या उसके वर्तमान स्वरूप को ध्यान में रखकर करें तो आपको पता चलेगा कि वह अपवित्र, मलिन है। उदाहरणार्थ, यदि आप भौतिक शरीर के कारण पर विचार करें तो कारण है—आपके माता-पिता से निस्सरित अंडाणु और वीर्य का समामेलन।

शरीर के वर्तमान स्वरूप और स्वभाव की बात करें तो अपने शरीर को सिर से लेकर पैरों के तलवे तक परीक्षण करें तो आप पाएँगे कि शरीर अशुद्ध और मलिन प्रकृति का है। यदि आप शरीर से निकलनेवाले पदार्थों—मल, मूत्र आदि—को देखें तो ये सभी मलिन पदार्थ हैं। अतः वास्तव में शरीर उस मशीन के समान है जो मलिन पदार्थ उगलती है। जब यह मशीन सुचारु रूप से चलती है तब शरीर से निकलनेवाले पदार्थों का रंग-रूप अच्छा होता है; परंतु यदि मशीन में कोई विकार आ जाए तो कई प्रकार की असामान्य चीजें दिखाई देती हैं। वास्तव में अत्यंत मूल्यवान् और सुंदर भोजन भी इस मशीन द्वारा मलिन बना दिया जाता है। कृपया इस बारे में सोचिए।

केवल यह नहीं, शरीर अन्य दुःखों के आधार के रूप में भी काम करता है। आपको पता चलेगा कि यह मनोभौतिक शरीर चार मूल तत्त्वों के सामंजस्य और सह-अस्तित्व से बना है। जब इन चार तत्त्वों—अग्नि, जल, पृथ्वी और वायु—की प्रकृति को देखते हैं तो आप समझ जाएँगे कि ये परस्पर विरोधी प्रकृति के हैं। जब हम कहते हैं कि 'मैं सुखी हूँ' या 'मैं स्वस्थ हूँ' तो हमारा तात्पर्य होता है कि हम इस अर्थ में स्वस्थ हैं कि ये परस्पर विरोधी तत्त्व सम-शक्तिवान् हैं या इनमें शक्ति-संतुलन है। जब इस शक्ति-संतुलन में हलका सा परिवर्तन भी आ जाता है तो आप रुग्ण हो जाते हैं, क्योंकि सहजता असंतुलित हो गई है।

मेरी आयु छासठ वर्ष से अधिक है। अब तक जो मेरा शरीर चला है उसके कई कारण हैं, परंतु शरीर केवल जीवित रहे, इसका अर्थ क्या है? तथापि यदि हमारी उत्तम मानव बुद्धि जीवित और सामान्य रूप से क्रियाशील रहे तो हम असीमित मात्रा में परोपकारी कार्य कर सकते हैं और सत्यता की गहरी समझ विकसित कर सकते हैं। वह अद्भुत है—यही बौद्ध दृष्टिकोण है। अतः इस दिशा में विचार कीजिए। इस पद्धति से यदि आप ठीक से

विचार करें तो स्पष्ट रूप से समझ पाएँगे कि हम इस अपवित्र शरीर को कैसे एक पवित्र और स्वच्छ रूप में देख पाते हैं।

जब हम दूसरी भ्रांत धारणा, कि जो दुःख है उसे सुख समझना, की बात करते हैं तो यह बात हम स्थूल और साधारण स्तर पर नहीं कर रहे हैं, क्योंकि एक सतही, साधारण स्तर पर दुःख की पहचान कोई सुख के रूप में नहीं करता। हम एक अधिक गहरे स्तर पर यह बात कर रहे हैं। जैसा मैंने पहले कहा, अनुभूतियाँ दो प्रकार की होती हैं—शारीरिक स्तर पर अनुभूतियाँ शारीरिक स्तर के दुःखों में कमी आने के कारण होती हैं। उदाहरणार्थ, यदि आप कुछ समय से ठंड से काँप रहे थे और एकाएक आप दौड़कर धूप में चले जाते हैं और वहीं ठहर जाते हैं तो आपको संतोष व सुख का अनुभव होगा। उस धूप में कोई निश्चित सुख नहीं छिपा हुआ है, वह केवल ठंड से उपजे दुःख को कम करती है।

यह बात ऐसे भी सिद्ध होती है कि यदि यह दीर्घकालिक और सच्चा सुख होता तो आप उस धूप में लंबे समय तक खड़े रहते और आपकी खुशी घटने के बजाय बढ़ती। परंतु ऐसा नहीं है। कुछ समय बाद आप उष्णता का अनुभव करेंगे और फिर छाँह में जाने की आवश्यकता होगी। परंतु यदि आप धूप में बहुत देर तक खड़े रहें तो धूप से मिला आरंभिक सुख और संतोष दुःख में बदल जाएगा। कई मामलों में कोई आनंददायक शारीरिक सुख सुखद, संतोषजनक और आनंददायक लगता है; परंतु ध्यान से देखने पर यदि उसे जारी रखा जाए तो वह कष्टदायक हो जाता है।

जहाँ तक मानसिक सुख का प्रश्न है, जब तक आप कष्टदायक भावनाओं के चंगुल में हैं, आपका चित्त स्वतंत्र और मुक्त नहीं है। इसलिए यदि आप ठीक से विचार करें तो स्पष्टतः समझ सकेंगे कि यदि आपको कोई अस्थायी सुख मिला तो आपका चित्त निश्चित रूप से दुःख को प्राप्त करेगा। उदाहरणार्थ, यदि आप किसी चिरकालिक रोग से ग्रस्त हैं तो यद्यपि आपको हर पल तीव्र पीड़ा नहीं होगी, परंतु आप स्वस्थ नहीं हैं, उस पुराने रोग से मुक्त नहीं हैं।

तीसरी भ्रांति अस्थायी वस्तुओं को स्थायी समझने की है। एक गहरे आत्मानुराग के कारण अपने दैनिक जोवन में अपने सुखद अनुभवों को

दीर्घकालिक, चिरस्थायी समझने की प्रवृत्ति हममें होती है। इन चीजों को हम स्थायी मान लेते हैं। उदाहरणार्थ, जब मैं किसी प्राचीन महल से गुजरता हूँ तो यह विचार मन में आता है कि जब यह महल बना होगा तो राजा ने स्वाभाविक रूप से इसे स्थायी ही समझा होगा। चीन की महान् दीवार को ही देखिए। कितने लोगों ने, कितने वर्षों में, कितनी कठिनाइयों से इस दीवार को बनाया होगा। उस सम्राट् ने सोचा होगा कि उसका साम्राज्य स्थायी है। अब दीवार के कुछ हिस्सों को छोड़कर कुछ भी नहीं बचा। हिटलर, स्टालिन और माओत्से तुंग को देखिए। उनमें से प्रत्येक के मन में 'मेरा क्षेत्र', 'मेरी विचारधारा', 'मेरी शक्ति' की उत्कट भावनाएँ थीं। उन्होंने यही चीजें स्थायी बनाने के लिए लाखों लोगों को निर्दयतापूर्वक मार डाला।

अस्थायित्व पर विचार करना उपयोगी होगा। इसके दो स्तर हैं—एक बहुत सूक्ष्म है। दूसरा है—निरंतरता का अस्थायित्व; जैसे एक पौधे का अवसान, किसी जीवन की समाप्ति। हम निरंतरता का अंत वस्तुतः देख सकते हैं। यह संभव है, क्योंकि वस्तुएँ पल-पल बदल रही हैं। यदि वे नहीं बदल रही हों तो निरंतरता का अंत देखना संभव नहीं है। किसी ठोस वस्तु की निरंतरता का अंत संभव है, क्योंकि सभी अस्थायी घटनाओं में सतत रूप से परिवर्तन हो रहा है। किसी वस्तु या अस्थायी घटना की निरंतरता को विघटित होते देखने या अनुभव करने से हम सभी अस्थायी घटनाओं के परिवर्तनशील स्वभाव होने का निष्कर्ष निकाल सकते हैं।

अस्थायित्व और विघटन के स्वभाव को समझने के लिए हमें यह समझना होगा कि प्रत्येक अस्थायी घटना अपने अस्तित्वों में आने के क्षण से ही परिवर्तनशील या विघटनात्मक स्वभाव में आ जाती है। इस तथ्य को इस प्रकार समझना अधिक उपयोगी है, बजाय यह समझने का प्रयास करने के कि कोई वस्तु अंतिम रूप से विघटित हो चुकी है और अब नहीं है।

चौथी भ्रांति है, जो अस्मिताविहीन है उसे सत्तावान् और स्वतंत्र अस्तित्ववाला समझना। अस्मिताविहीनता के अर्थ की व्याख्या विभिन्न बौद्ध दार्शनिक विचारधाराएँ भिन्न प्रकार से करती हैं। अस्मिताविहीनता के अर्थ की सामान्य बुद्धवादी समझ यह है कि ऐसा कोई 'स्व' नहीं है, जो आत्मनिर्भर

और अंतर्निहित हो। यदि एक बार हम यह समझ लें कि ऐसा कोई 'स्व' नहीं है, जो सर्वथा आत्मनिर्भर हो तो हम इस भ्रांति कि ऐसा कोई 'स्व' है, का सामना कर सकेंगे। इस भ्रांति को समझने के पश्चात् हम लोभ, अनुराग और क्रोध को कम कर सकेंगे। 'स्व' के आत्मनिर्भर होने का जितना दृढ़ विश्वास होगा उतनी ही अधिक आसक्ति आपको अपने शरीर, अपने मकान, अपने संबंधियों आदि से होगी। दूसरी ओर ऐसे 'स्व' की अनुपस्थिति की जितनी अधिक समझ आप में होगी, भौतिक वस्तुओं के प्रति आपका अनुराग उतना ही कम होगा।

बुद्ध ने केवल व्यक्ति की अस्मिताविहीनता ही नहीं, अपितु सभी घटनाओं की अस्मिताविहीनता के बारे में सिखाया। इसका अर्थ है कि केवल एक व्यक्ति का आत्मनिर्भर अस्तित्व नहीं है, बल्कि वह जिन वस्तुओं का आनंद लेता है वे भी अस्थायी प्रतीत होती हैं। जिन बाह्य भौतिक वस्तुओं को आत्मनिर्भर, अंतर्निहित अस्तित्ववाला समझकर हम उनका आनंद लेते हैं, वास्तव में ऐसी कोई वस्तु या ऐसा कोई आनंद होता ही नहीं।

इस कथन कि 'वस्तुएँ जैसी हमें दिखाई देती हैं वैसी नहीं होतीं' की भी कई दार्शनिक व्याख्याएँ हैं। चित्तमात्र मत के अनुसार, वस्तुएँ हमें एक बाह्य अस्तित्व के रूप में दिखाई देती हैं; परंतु वास्तव में ऐसा कोई बाह्य अस्तित्व नहीं होता। प्रत्येक वस्तु चित्त के स्वभाव में होती है। फिर माध्यमिक मत के अनुसार वस्तुएँ वैसी नहीं होतीं जैसे हमें दिखाई देती हैं। यदि आप ध्यानपूर्वक विश्लेषण करें तो आप पाएँगे कि अनुभव की गई सभी चीजों का स्वतंत्र या अंतर्निहित अस्तित्व नहीं होता, परंतु वे एक भ्रम की भाँति होती हैं। वे हमारी इंद्रियों और चित्त से अनुकूलित होती हैं।

व्यक्ति और विचार की अस्मिताहीनता की जितनी गहरी समझ आप में होगी उतना ही अधिक आप सिक्के के दूसरे पक्ष—हर चीज की अंत:संबद्धता को समझ पाएँगे। यद्यपि वस्तुओं का स्वतंत्र अस्तित्व नहीं होता, वे घनिष्ठता से परस्पर निर्भर और अंत:संबद्ध होती हैं।

इस प्रकार चार भ्रांतियों की हमारी समझ में से प्रथम तीन समझ प्रतिकारी हैं, जो उनसे संबंधित भ्रांतियों को नकार देंगी। चौथी भ्रांति को

समझकर हम 'स्व' से संबंधित भ्रांति को जड़ से उखाड़ देंगे।

इस प्रकार नकारात्मक भावनाओं से लड़ने के कई तरीके हैं—हीनयान मार्ग, बोधिसत्त्व मार्ग और तंत्रयान मार्ग। यद्यपि उनमें मतभेद हैं, परंतु लक्ष्य सभी का एक है—नकारात्मक भावनाओं का सर्वनाश। वही निर्वाण है।

व्यवहार में लोग इन मानसिक कष्टों को दूर करने के लिए प्रायः कुछ ठोस उपाय चाहते हैं। तथापि जो तुरंत ही सभी चिंताओं से मुक्त कर दे, ऐसा उपाय बताना असंभव है। मैं समझता हूँ कि यह शरीर के स्वास्थ्य के समान है। जब हमारा शरीर, उसकी संरचना और रोग-प्रतिरोधी तंत्र स्वस्थ होते हैं, हम किसी संक्रमण के प्रत्युपाय से उसे तुरंत दूर कर सकते हैं। परंतु यदि शरीर का आधारभूत रोग-प्रतिरोधी तंत्र अशक्त हो तो एक छोटा सा संक्रमण दूर करना भी कठिन हो जाता है। इसी प्रकार यदि प्रशिक्षण, ज्ञान और विश्वास द्वारा आपकी मूलभूत मनोवृत्ति स्वस्थ और सशक्त है एवं कोई दुःखद घटना होती है—आपके पिता या माता या किसी अन्य प्रिय व्यक्ति की मृत्यु हो जाती है अथवा आपके साथ कोई अन्याय होता है या आपको कोई असाध्य रोग हो जाता है तो आपकी स्वस्थ मनोवृत्ति उसका सामना करने में सक्षम होती है। आप अपनी मानसिक शांति बनाए रखते हैं और किसी भी दुर्भाग्यपूर्ण स्थिति से अधिक सकारात्मक रूप में निपट सकते हैं।

यदि आपकी मनोवृत्ति को पर्याप्त प्रशिक्षण नहीं मिला है तो समस्याओं से छुटकारा पाना कठिन होगा। चित्त का प्रशिक्षण बहुत आवश्यक है। यही आत्मविश्वास प्रशिक्षण के लिए आवश्यक है, जो गहन विश्लेषण से ही आता है। इसके लिए आपको भारी मात्रा में सामग्री और सूचनाओं की आवश्यकता होती है। इस तरह आप देखेंगे कि अभ्यास की बौद्ध पद्धति अध्ययन से आरंभ होती है। अध्ययन-श्रवण तथा पठन द्वारा जानकारियों को आत्मसात् करके एक बार कोई जानकारी आपको प्राप्त हो जाए तो उसका विश्लेषण स्वयं करें। केवल बुद्ध के उद्धरणों पर निर्भर न रहें। इसके स्थान पर अपने अन्वेषणों और प्रयोगों पर विश्वास करें। इस पद्धति से आप स्वयं में एक दृढ़ विश्वास उत्पन्न कर सकते हैं, जो अंततः आपकी मनोवृत्ति को बदल देगा।

इसलिए हमारी नकारात्मक भावनाओं पर विजय पाने के लिए हमें अपनी बुद्धि का प्रयोग विश्लेषण के लिए करना चाहिए। हमें अपनी बुद्धि की सहायता से गहरा विश्वास और संवेदना जैसी सकारात्मक भावनाएँ विकसित करनी चाहिए। इस तरह से बुद्धिमत्ता और सकारात्मक भावनाएँ साथ-साथ विकसित हो सकती हैं। उचित विश्वास और संवेदना तर्क व बुद्धि आधारित होने चाहिए—यह बुद्धवादी मार्ग है और नकारात्मक भावनाओं पर विजय पाने का, उन्हें समाप्त कर देने का, उन्हें रोकने का मार्ग है।

परम पावन, कुंभ मेले में क्या आपने गंगा में डुबकी लगाई?

नहीं, मैंने नहीं लगाई; परंतु जल की कुछ बूँदें यहाँ भी मेरे पास हैं। इतना पर्याप्त है।

परम पावन, ईश्वर तथा मृत्यु के पूर्व और पश्चात् के जीवन पर अपने विचार रखें।

ईश्वर क्या है? ईश्वर एक अर्थ में असीम प्रेम का नाम है। मैं समझता हूँ, बुद्धवादी स्वीकार करते हैं, परंतु बुद्धवादी ईश्वर को सर्वोच्च, केंद्रीय या परम सत्ता, रचयिता आदि के अर्थ में स्वीकार नहीं करते। बुद्धवादी इस अवधारणा में कई अंतर्विरोध पाते हैं। मैं सोचता हूँ कि ईसाई, एक रचयिता की धारणा के साथ, केवल एक जीवन, इस जीवन को, जिसे ईश्वर ने रचा है, को स्वीकार करते हैं। मैं समझता हूँ, यह विचार बहुत शक्तिशाली है एवं सुंदर है। आप देखेंगे कि यह अवधारणा ईश्वर से घनिष्ठता उत्पन्न करती है।

हम किसी व्यक्ति को एक बार नापसंद करते हैं तो क्यों ऐसा करते ही चले जाते हैं? अपनी मनोवृत्ति बदलना बहुत कठिन है।

मैं सोचता हूँ, ऐसा इसलिए है कि आप क्रोध पर ध्यान केंद्रित कर रहे हैं। हर बात सापेक्ष होती है। यदि आप एक ही वस्तु को विभिन्न कोणों से देखें तो आपको वह भिन्न दिखाई देगी। उदाहरणार्थ, हमारा देश युद्ध में

पराजित हो गया है और देश ने बहुत विनाश झेला है। यदि हम इस तथ्य को केवल इसी कोण से देखें तो हमारे मन में भारी विक्षोभ और विषाद उत्पन्न होगा। परंतु इस त्रासदी के कारण हम शरणार्थी बन गए और हमें विभिन्न लोगों—धार्मिक लोग, वैज्ञानिक, आम नागरिक—के समागम का अवसर मिला और वह अति उपयोगी तथा कुछ सीखने का सुअवसर है। यदि कोई इस दिशा में सोचे तो उसी त्रासद स्थिति के एक ओर तो अति विषादपूर्ण निहितार्थ है तथा दूसरी ओर नए अवसर। किसी समस्या को विभिन्न कोणों से देखने का प्रयास उपयोगी होता है। वैसा करने से किसी से तुलना कर पाना संभव हो जाता है। यदि दुःखदायी घटनाएँ होती हैं तो आप सोच सकते हैं कि इनसे भी अधिक अनिष्ट हुआ होता तो हमें कैसा लगता? जब आप ऐसी ही दुःखद स्थितियों में फँसे लोगों से अपनी तुलना करते हैं तो आपको लगता है कि आपकी स्थिति उनसे बहुत अच्छी है। आप किसी स्थिति को किस प्रकार लेते हैं—चाहे वह वैसी ही रहे—इससे आपकी मनोवृत्ति पर बहुत प्रभाव पड़ता है।

एक व्यस्त व्यवसायी के लिए आध्यात्मिक महत्त्वाकांक्षा की सीमा क्या है?

जैसा मैंने पहले कहा, व्यवसाय करते समय आपके पास अनुशासन, संतोष, सहनशीलता और धैर्य का आचरण करने का अवसर है। परंतु ऐसा करने के लिए पहले आपको अध्ययन करना होगा और यह विश्वास जगाना होगा कि कुछ भावनाएँ विनाशकारी होती हैं एवं कुछ उपयोगी। एक बार आप इस अंतर को स्पष्ट रूप से समझ लें, क्या उपयोगी है और क्या हानिकारक? इसका बोध हो जाए तो उपर्युक्त आचरण को आपके दैनिक जीवन का अंग बनाया जा सकता है।

यह आवश्यक रूप से एक आध्यात्मिक अभ्यास नहीं है। जब कबूतरों का पेट भरा होता है तब वे भी ध्यान करते हैं। उस समय वे ईश्वरीय लगते हैं, एकदम शांत। तो वह कुछ नहीं है, उससे कुछ सहायता नहीं मिलेगी। एक अर्थ में ध्यान का अर्थ है—भावहीन होकर विचारशून्यता में पहुँच जाना।

परंतु अपने आप में यह कुछ नहीं और न प्रभावोत्पादक। तथापि कुछ अभ्यास हैं, कुछ ध्यान हैं, जो आधार-स्वरूप विचारशून्यता की माँग करते हैं। तब इस विचारशून्यता के मध्य एक अन्य अधिक गहरी बुद्धिमत्ता का विकास होता है, वह एक अलग बात है। परंतु केवल विचारशून्यता कुछ नहीं है।

यदि यह शरीर दुःखभोग का आधार है और अशुद्ध है तो इसे निर्वाण का एकमात्र वाहक क्यों माना जाता है?

इसे प्राथमिक रूप से अद्‌भुत मानवीय बुद्धि और निर्मल दृष्टि को श्रेय देकर समझाया जा सकता है। पशुओं और मनुष्यों के मध्य अधिक अंतर नहीं है। परंतु इस क्षण (स्तर पर) सूक्ष्म चित्त का उपयोग करने की कोई संभावना नहीं है। वैसा करने के लिए हमें सामान्य मानवीय बुद्धि का प्रयोग करना होगा। अतः चित्त के स्थूल स्तर पर बुद्धि है और मस्तिष्क (लोगों में) भिन्नता उत्पन्न करता है। मानव मस्तिष्क एक परिष्कृत बुद्धि रखने की क्षमता रखता है। मनुष्य की भाँति बुद्धि के स्थूल स्तर के उपयोग से सूक्ष्म चित्त का लाभ उठाना पशुओं के लिए संभव नहीं है। यद्यपि जब उनकी मृत्यु होती है तो उन्हें भी मनुष्य की भाँति अनुभव होते हैं, परंतु सूक्ष्म चित्त का उपयोग उनके लिए असंभव है। इस आकलन से मनुष्य शरीर एक बहुमूल्य वस्तु है, पर इस अर्थ में नहीं कि वह अपने आप में श्रेष्ठ है।

परम पावन, क्या आप संकुचित मनोवृत्ति और उदार मनोवृत्ति के भेद पर कुछ और प्रकाश डाल सकते हैं?

यदि हम केवल आज के बारे में सोचते हैं तो यह संकुचित मनोवृत्ति है और यदि हम आज के अनुभवों को भूलकर कल के बारे में सोचें तो यह उदार मनोवृत्ति है। केवल स्वयं के बारे में सोचना संकुचित मनोवृत्ति है; परंतु यह बोध कि मेरा भविष्य दूसरों के भविष्य से संबंधित है या मेरे हित दूसरों के हितों पर पूर्णतया आश्रित हैं और यदि मैं दूसरों के हितों का ध्यान रखता हूँ तो मेरे हित स्वतः ही सध जाते हैं। मैं समझता हूँ कि यह एक अधिक उदार दृष्टिकोण है। अतः अपने पड़ोसी का ध्यान रखने से अंत में आप लाभान्वित

होंगे। यदि आप अपने पड़ोसी की परवाह न करें तो अंत में दु:खी होंगे…ऐसा ही होता है!

क्या निस्स्वार्थता का अर्थ दूसरों के लिए स्वयं को भूल जाना भी होता है?

वह अर्थ नहीं है। उदाहरणार्थ, जब हम परोपकार की भावना विकसित करने की बात करते हैं या सभी प्राणियों के लिए प्रबोधन प्राप्त करना चाहते हैं तो यद्यपि परोपकार का प्राथमिक लक्ष्य अन्य प्राणियों को लाभ पहुँचाना है, परंतु साथ-ही-साथ आप स्वयं के लिए प्रबोधन या बुद्धत्व प्राप्त करने की आकांक्षा रखते हैं। स्वयं के बारे में सोचते समय यदि आप अन्य प्राणियों की उपेक्षा करते हैं तो यह गलत होगा। परंतु दूसरी ओर, यदि आप निष्ठा और समझ से अन्य प्राणियों की सहायता करते हैं तो आपका अपना लक्ष्य भी पूर्ण होता है। यही कारण है कि जब हम बुद्धत्व की चरम उपलब्धि की भी बात करते हैं तो हम 'रूप-काया' या 'धर्म-काया' की बात करते हैं और सामान्यत: दोनों कायाओं को भिन्न नाम देते हैं। जो शरीर स्वयं के लिए हो उसे 'धर्म काया' और जो दूसरों के लिए हो उसे 'रूप काया' कहते हैं। इसलिए यद्यपि आप दूसरों के बारे में सोचते हैं या उन्हीं के लिए कार्य करते हैं, तो भी आप ही का प्रयोजन सिद्ध होता है। इसे इस प्रकार भी कह सकते हैं कि एक उप-उत्पाद के रूप में आप कार्य करते हैं।

क्या नकारात्मक भावनाएँ कई प्रकार की होती हैं?

मूल पाठ में चौरासी हजार कष्टदायी भावनाओं का उल्लेख है। मूल पाठ में यद्यपि एक निश्चित संख्या दी गई है; नकारात्मक भावनाएँ, जो मन में उत्पन्न हो सकती हैं, निश्चित रूप से असीम हैं और अभिधर्म में छह मूलभूत और बीस द्वितीयक कष्टदायी भावनाओं की पहचान स्पष्ट रूप से की गई है।

वास्तविक जीवन की स्थितियों में किस सीमा तक कोई उत्सर्ग कर सकता है?

बुद्ध की शिक्षाओं में, जब तक आप प्रबोधन के एक निश्चित वांछित स्तर तक नहीं पहुँच जाते, दूसरों के लिए अपने शरीर के बलिदान को वास्तव में हतोत्साहित किया गया है। इसलिए दीर्घकालिक और अल्पकालिक लाभों आदि के बारे में आपको हिसाब करना है। यदि आपको प्रबोधन से उपजे अपने सोच और स्वयं पर दृढ़ विश्वास है तो अन्य प्राणियों के भले के लिए अपने शरीर का बलिदान प्रोत्साहित, यहाँ तक कि अनुशंसित किया जाता है।

क्या आत्मा पूर्णतः नियति के साथ आती है या स्वतंत्र इच्छा-शक्ति भी होती है?

बुद्धवाद के अनुसार स्वतंत्र इच्छा-शक्ति होती है। जब हम विभिन्न प्रकार के कर्मों, उनके अपरिहार्य परिणामों और उन कथित निश्चित कर्मों, जिनके परिणाम हमें इस जन्म में भोगने हैं, की बात करते हैं...इन मामलों में भी इसका अर्थ है कि यदि आप संचित नकारात्मक कर्मों के सम्मुख इस जन्म में कोई सकारात्मक प्रति-शक्ति का प्रबंध या विकास नहीं करते तो आपको उनका फल भोगना होगा। परंतु यदि आप प्रयास करते हैं और एक निश्चित प्रति-शक्ति विकसित कर लेते हैं तो वे तथाकथित संचित कर्म भी बदले जा सकते हैं। तो आप किस तरह सोचते हैं और किस प्रकार के कर्म आप (इस जन्म में) करते हैं, इसपर बहुत कुछ निर्भर है। वास्तव में एक व्यक्ति ही कर्म-संचय करता है और मैं समझता हूँ, यह स्वतंत्र इच्छाशक्ति से ही होता है।

भगवान् बुद्ध और सिद्धार्थ, जिसने बुद्ध बनने के लिए अपना उत्सर्ग किया, दोनों में से कौन अधिक महान् थे?

एक सूत्र में यह व्याख्या की गई है कि यदि बोधिसत्त्व एक रथ पर सवार होकर आ रहे हों, कोई उस रथ को खींच नहीं रहा हो और एक प्रबुद्ध बुद्ध यह देखते हैं तो उन्हें जिस रथ में बोधिसत्त्व बैठे हैं, उसे खींचना चाहिए। मैं समझता हूँ, यह एक महान् कार्य होगा। बुद्ध परितोष, शक्ति और सर्वज्ञता से परिपूर्ण होते हैं। बुद्ध, जहाँ तक आध्यात्मिक उन्नति का प्रश्न है, प्रबोधन के उच्चतम स्तर तक पहले ही पहुँच चुके हैं। बोधिसत्त्वों के मामले

में, चाहे वे उस श्रेणी में हों जिसमें प्रबोधन या निर्वाण के मार्ग में आए धुँधलके को पूर्णतः समाप्त नहीं किया है या उस श्रेणी में हों, जिसमें वे कष्टदायी भावनाओं से पूर्णतया मुक्त न हो चुके हों, अब भी धुँधलके में हों या कष्टदायी भावनाओं के चंगुल में, वे भी अन्य सचेतन प्राणियों के कल्याण के प्रति पूर्ण निष्ठावान् हो सकते हैं। यह सचमुच उत्साहवर्धक है और ऐसे बोधिसत्त्व प्रशंसा एवं आदर के पात्र हैं। निश्चित रूप से यह उन दो बातों पर आपके दृष्टिकोण पर निर्भर है।

यदि आप सर्वज्ञता के दृष्टिकोण से देखें तो एक संपूर्णतः प्रबुद्ध व्यक्ति, बुद्ध अधिक महान् हैं। यदि आप बोधिसत्त्व को इस दृष्टि से देखें कि वह सचेतन प्राणियों के हित में कितना उत्सर्ग करते हैं तो चाहे वे प्रबुद्ध न भी हों तो भी आप उनकी महानता देख सकते हैं।

जब आप पर्यावरण और मनुष्य पर होनेवाले अन्याय से अभिभूत हों तब सकारात्मक कैसे रह सकते हैं?

एक नव-प्रशिक्षु के लिए ऐसी समस्याओं का सामना करना कठिन एवं श्रमसाध्य कार्य है। यहाँ आपको अधिक प्रशिक्षण, अभ्यास और समझ की आवश्यकता है। इसलिए उन साधकों के लिए, जो आरंभिक चरण में हैं, यह महत्त्वपूर्ण है कि वे अधिक समय एकाकी रहें और कुछ विशिष्ट प्रकार की तैयारी करें। एक बार जब आप आंतरिक शक्ति और आत्मविश्वास प्राप्त कर लें तो विश्व अथवा बाह्य जगत् आपका अभ्यास क्षेत्र बन सकता है। यह क्षेत्र जितना अशांत होगा, आपका अभ्यास उतना ही विकास और प्रगति करेगा।

इस भूकंप के समान महान् विपत्तियों में बुद्धवाद क्या सांत्वना दे सकता है?

यह बहुत कुछ एक व्यक्ति के विश्वास या निष्ठा पर निर्भर है। यह उस व्यक्ति पर भी निर्भर है, जिससे आप संपर्क करते हैं। एक बुद्धवादी के लिए ऐसी घटनाएँ संसार के दुःखमय स्वभाव और अस्थायित्व पर सोचने का अवसर देती हैं। यदि आपका प्रयोजन सही है तो एक दुःखद और पीड़ादायक अनुभव

आपकी भ्रांत अवधारणाओं को दूर करने में उपयोगी सिद्ध हो सकता है। वह कारण-कार्य सिद्धांत जैसे तथ्यों को समझने में सहायक हो सकता है और साथ ही ऐसी समस्याओं के अनुभव से, दीर्घकाल में, कुछ नकारात्मक परिणामों से आप स्वयं को परिशुद्ध कर सकते हैं।

तथापि मानवोचित मार्ग तो यह है कि वहाँ जाकर पीड़ितों का दुःख बाँटा जाए तथा सहानुभूति और चिंता दरशाई जाए। उसी से अंतर अनुभव होगा। मैं समझता हूँ, ऐसा करने से हम उनके दुःख कम कर सकते हैं। निश्चित रूप से चिकित्सकीय सहायता, दान और अन्य व्यावहारिक उपायों से उनकी सहायता भी करनी चाहिए।

परम पावन, क्या आप डाकिनियों (डायनों) के बारे में कुछ कह सकते हैं?

डाकिनी···मुझे नहीं मालूम। मैं समझता हूँ कि डाकिनियाँ एक रहस्यमय स्तर पर रहती हैं। कभी-कभी किसी डाकिनी से संवाद करना संभव हो सकता है। फिर हम मानते हैं कि कुछ महिलाओं में हम उन्हें मनुष्य रूप में देख सकते हैं। इसका अन्वेषण कैसे करें? वह कठिन है। मैं समझता हूँ, कुंभ मेले में आए कुछ साधु इस क्षेत्र में कार्यरत होंगे और अनुभवी भी। उदाहरणार्थ, कुछ साधु ऐसे हैं जो पूर्णतया नंगे हैं और मैंने सुना है कि पूरे वर्ष या कई वर्षों तक पहाड़ों में रहते हैं। उन्हें किसी प्रकार का अनुभव अवश्य हुआ होगा, अन्यथा उनका वहाँ रहना असंभव था। वास्तव में, कुंभ जाने से पहले मैंने पूछा था कि क्या इनमें से कुछ साधुओं से मिलना संभव होगा। परंतु यह कठिन है, जब तक कि आप किसी ऐसे व्यक्ति को न जानते हों जो किसी विशिष्ट साधु से परिचित हो और उनसे आपका परिचय करवा सके। अन्यथा आप बस किसी नगा साधु से मिलें, उनका एक फोटो ले लें और अन्यथा कुछ नहीं···किसी काम का नहीं।

प्राचीन काल में तिलोपा, नरोपा, गोंपोपा, सभी महान् सिद्ध, देखने में भिखारी जैसे लगते थे। उनमें से कुछ शिकारी थे, कुछ मछुआरे थे और कुछ भिखारी थे। यदि हम कुछ महीने उनके साथ रहते तो उनकी दिनचर्या, व्यवहार, भंगिमाओं

का अध्ययन कर पाते तथा उनके अंतरंग अनुभवों के बारे में जान सकते थे। सामान्यतः जिन लोगों को गहरे अंतरंग अनुभव होते हैं, उन्हें वे प्रदर्शित नहीं करते हैं। फिर जिनके अंदर कुछ विशेष नहीं होता वे प्रायः बाहर उसका प्रदर्शन करते हैं…जैसे कोई बड़ी चीज हो…बड़ी चीज! नहीं?

यदि ईश्वर ने विश्व की रचना की तो ईश्वर को किसने बनाया?

यही तो बुद्धवादी प्रश्न है। इसीलिए हम ईश्वर की सत्ता को स्वीकार नहीं करते।

संवेदना की शिक्षा देने का सर्वोत्तम उपाय क्या है?

मुझे सर्वोत्तम, तीव्रतम, सरलतम, सबसे सस्ता—इन अभिव्यक्तियों के बारे में कुछ संकोच है।

बुद्धवादी मूल पाठों के कई नए अनुवाद निकल रहे हैं एवं बुद्धवाद से संबंधित उत्तम पुस्तकें पहले ही उपलब्ध हैं। इन पुस्तकों को पढ़िए, उनका परीक्षण कीजिए तो आपको उत्तर मिल जाएगा। फिर आप सर्वोत्तम को चुन लीजिए।

क्या एक साधारण व्यक्ति को सभी सांसारिक कार्य करते हुए प्रबोधन प्राप्त करना संभव है?

सामान्यतः हाँ, दीर्घकाल में यह संभव है। फबोंखा रिनपोचे की एक सुंदर कविता है, जो कुछ इस प्रकार है—यदि आप निष्ठापूर्वक अभ्यास करें, चाहे एक गृहस्थ बने रहें, आपको प्रबोधन प्राप्त हो सकता है, जैसे मारपा और मिलारेपा तथा अन्य कई भारतीय और तिब्बती राजाओं एवं मंत्रियों को प्राप्त हुआ था। यदि आप अभ्यास नहीं करते तो चाहे आप दीर्घकाल तक पहाड़ों में रहें, आप उस घोंघे की भाँति होंगे, जो महीनों तक पहाड़ों के तल पर सर्दियाँ बिताता है।

परम पावन के लिए वह सबसे कठिन स्थिति कौन सी थी, जिसे आपने पराजित किया?

मैं नहीं जानता। मैं समझता हूँ, यह कहना कठिन है। मेरा चिंतन समय

और परिस्थितियों पर निर्भर रहा है। उदाहरण के लिए, अपनी आयु के चौथे दशक में मुझे शून्य (बुद्धिमत्ता) की कुछ समझ थी, फिर मैंने निर्वाण प्राप्त करने की संभावना का बोध विकसित किया। इसलिए मैं समझता हूँ, परित्याग (का भाव) पर्याप्त रूप से सशक्त हो गया, परंतु फिर उस समय बोधिचित्ता पर चिंतन मुझे अति कठिन लगा।

आयु के पाँचवें दशक में मैंने शांतिदेव की पुस्तक का अध्ययन किया, नागार्जुन की 'बहुमूल्य माला' का भी और कुछ अन्य पुस्तकों का, और (तब) बोधिचित्ता पर अधिक चिंतन किया। निश्चित रूप से अब भी मुझे बोधिचित्ता या शून्य का कोई यथार्थ अनुभव नहीं है, परंतु तुलनात्मक रूप से अब कभी-कभी ऐसी अनुभूति और विश्वास होता है कि यदि मेरे पास पर्याप्त समय हो तो मैं वास्तविक बोधिचित्ता और शून्यता विकसित कर सकता हूँ। एक भिन्न समय में उस समय के अनुभव के अनुसार, मुझे यह अति कठिन लगा। कुछ समय बाद मुझे लगता है कि यह कठिन नहीं है। अतः मैं नहीं जानता, कठिनाइयाँ कई हैं और जैसा मैंने पहले कहा, ठीक उसी समय, इन सभी बाधाओं को दूर करने की संभावनाएँ भी दिखाई देती हैं। फिर दलाई लामा की हैसियत से तिब्बत की वर्तमान स्थिति की कठिनाई है। वह अत्यंत कठिन है; वह वास्तव में मेरे नियंत्रण से बाहर है। अति कठिन।

अंत में, जो लोग आध्यात्मिक मूल्यों में, विशेषतः बौद्ध धर्म में, विश्वास रखते हैं उन्हें अध्ययन करना चाहिए। इन मूल्यों को अपने दैनिक जीवन में कार्यान्वित करें और बौद्ध धर्म तथा शाक्य मुनि बुद्ध, हमारे शिक्षक, के अच्छे अनुयायी बनने का प्रयास करें। यह महत्त्वपूर्ण है कि हमें अच्छा अनुयायी बनना चाहिए। आप देखिए, कोई व्यक्ति—चाहे वह आस्तिक हो या नास्तिक—चाहे कोई कारण हो या न हो, हमने इस धरती पर जन्म लिया है। जब तक हम इस ग्रह पर हैं, हमें एक समझदार व्यक्ति, एक प्रेमपूर्ण व्यक्ति बनना चाहिए। हम दूसरों के लिए उपयोगी हो सकें, ऐसा बनना चाहिए। यदि ऐसा न कर सकें तो दूसरों के लिए क्लेश उत्पन्न करने का भी कोई कारण नहीं।

(—सर शंकरलाल हॉल, मॉडर्न स्कूल, 2001)

□

छह पूर्णताओं के माध्यम से स्व-विकास

जब लोग मेरे पास प्रवचन सुनने के लिए आते हैं तो उनमें कोई संदेश पाने या आंतरिक शांति पाने और एक सफल जीवन जीने की क्रिया-विधि जानने के अभिप्राय से आते हैं।

कुछ लोग केवल उत्सुकतावश आए हों, परंतु महत्त्वपूर्ण बात यह है कि हम जानें कि हम सब एक समान हैं, सभी मनुष्य हैं। मैं कोई विशिष्ट व्यक्ति नहीं हूँ, मैं बस एक साधारण बौद्ध मठवासी हूँ, मात्र एक मनुष्य। और हम सब में अच्छा या बुरा बनने की संभावना है। हम सबको एक सुखी जीवन जीने का अधिकार भी है। इसका अर्थ है सुखमय दिन और रातें। इस प्रकार हमारा जीवन सुखी बन जाता है।

मैं कुछ आवश्यक बातों की व्याख्या करना चाहूँगा। जैसा आप जानते हैं, मानव और मानवेतर प्राणियों या अन्य स्तनपायी पशुओं में मुख्य भिन्नता है—मैं समझता हूँ—मानव बुद्धि की। पीड़ा और सुख की अनुभूति, शांति और आनंद की आकांक्षा एवं पीड़ा से मुक्ति पाने की इच्छा मनुष्य व पशु दोनों में समान है। यहाँ तक कि कीड़े—छोटे-छोटे कीड़े—भी ऐसी ही आकांक्षाएँ रखते हैं। परंतु हम मनुष्यों में बुद्धि है। हमारी स्मरण और कल्पना-शक्ति श्रेष्ठतर है। अतः अन्य स्तनपायी जंतुओं के समान हमें भी सुखद या दुःखद शारीरिक अनुभव होते हैं, परंतु अपनी बुद्धि के कारण हममें कुछ अतिरिक्त भावनाएँ भी होती हैं। हमारी स्मृतियाँ, सुदूर भविष्य की कल्पनाएँ और अपेक्षाएँ कभी-कभी हमें चिंता और भय, शंका और परेशानी में डाल देती हैं। तब भी जब सबकुछ ठीक चल रहा हो।

सुदूर भविष्य को (मन से) देख सकने की हमारी क्षमता के कारण, न केवल अपने स्वयं के या अपनी पीढ़ी के, परंतु हमारे बच्चों और बच्चों के बच्चों, भावी पीढ़ियों और भावी शताब्दियों तक सोच पाने के कारण, उसी अनुपात में, हमारे मानसिक कष्ट और चिंताएँ कहीं अधिक होते हैं। चूँकि हमारे पास अन्य स्तनपायी प्राणियों से अधिक बुद्धि और विचार-शक्ति है, मानसिक कष्टों से ग्रस्त रहने की संभावना हममें उनसे अधिक है। चूँकि मानसिक कष्ट और चिंताएँ बुद्धि से उपजते हैं, इसलिए उनके समाधान का एकमात्र उपाय बुद्धि का प्रयोग ही है, अन्य कोई मार्ग नहीं है। वे लोग भी, जो भौतिक संसाधनों से अत्यधिक संपन्न हैं, समस्याओं और दुःखों से ग्रस्त हैं। यह स्पष्ट रूप से दरशाता है कि बुद्धि के कारण उत्पन्न हुई मानसिक पीड़ाएँ भौतिक साधनों से दूर नहीं की जा सकती हैं।

एक और महत्त्वपूर्ण कारक है। मैं समझता हूँ कि मानसिक अनुभव शारीरिक अनुभवों से श्रेष्ठतर होते हैं। यदि किसी व्यक्ति को रुग्णता या निर्धनता के कारण शारीरिक समस्याएँ हैं, परंतु यदि वह मानसिक रूप से सुखी है तो शारीरिक समस्याओं से उपजे दुःखों को वह कम कर सकेगा और अत्यधिक परेशान नहीं रहेगा। दूसरी ओर, यदि कोई मानसिक रूप से अशांत है तो कितना भी भौतिक और शारीरिक सुख उसके मानसिक विक्षोभ को कम या समाप्त नहीं कर सकेगा। जहाँ भौतिक विकास को सुनिश्चित करने के लिए हम सबकुछ कर रहे हैं, महत्त्वपूर्ण यह है कि हमें आंतरिक विकास की ओर अधिक ध्यान देना चाहिए। हमें अपने आंतरिक मूल्यों की उपेक्षा नहीं करनी चाहिए।

आज विश्व के कई भागों में हम नैतिकता के संकट का सामना कर रहे हैं। विज्ञान और प्रौद्योगिकी में ऐसा कोई आधार नहीं है, जिसपर नैतिक व अनैतिक के बीच भेद किया जा सके। केवल माल ही महत्त्वपूर्ण है और पैसा केवल पैसा। जब तक कोई व्यक्ति सचेतन प्राणियों के आंतरिक अनुभवों से संपर्क न बनाए, सही और गलत में भेद करने का कोई आधार नहीं है। सही और गलत में भेद करने का आधार यह है कि वह कार्य सचेतन प्राणियों के लिए किस मात्रा में संतोष या कष्ट लगता है। यदि कोई बात संतोष लाती है

तो उसे हम सामान्यतः सही कहते हैं, क्योंकि हम सभी सुख और संतोष चाहते हैं। चूँकि हम दुःख या पीड़ा नहीं चाहते, वे सभी बातें जो हमें असहज बना दें या जो कष्ट लेकर आएँ, बुरी मानी जाती हैं। जब हम सही या गलत की बात करते हैं तो ऐसा विभाजन मनुष्य को आंतरिक भावनाओं के आधार पर करना होगा। यदि हम इन भावनाओं को विचार में न लें तो बाह्य भौतिक वस्तुओं के आधार पर सही और गलत की बात नहीं कर सकते। आज के विश्व में हम प्रायः केवल भौतिक वस्तुओं को महत्त्व देते हैं। उस दृष्टिकोण से जब तक कोई व्यक्ति अधिक धन या शक्ति अर्जित करता है तो सबकुछ उचित है। अन्य बातों पर विचार नहीं किया जाता और सबकुछ लोभ को शांत करने के लिए किया जाता है।

11 सितंबर को न्यूयॉर्क में हुई घटनाएँ निश्चित रूप से दुःखद थीं। लोगों के एक समूह ने इन काररवाइयों की योजना बनाने में अपनी बुद्धि का उपयोग वर्षों तक नहीं तो कुछ महीनों तक तो अवश्य किया। ईंधन से भरे विमानों का उपयोग उन्होंने विस्फोटों के रूप में किया। वे विमान यात्रियों से भरे हुए थे। तो इनके पीछे न केवल परिष्कृत बुद्धि थी, बल्कि उत्कट घृणा भी। विचारणीय बिंदु यह है कि मानवीय बुद्धि, मनुष्य का परिष्कृत मस्तिष्क, यदि नकारात्मक भावनाओं से निर्देशित या नियंत्रित हो तो सचमुच विनाशकारी बन जाता है। जब तक हमें नैतिक आचरण का बोध न हो तब तक मनुष्य समस्याओं और कठिनाइयों से घिरे ही रहेंगे। इसलिए, जब हम एक नैतिक अनुशासन का पालन करने की बात करते हैं, तब हमें निर्देशित करनेवाली भावनाओं की बात भी करनी चाहिए।

हाल ही में मैं वडोदरा में स्वामीनारायण की एक संस्था में था। वहाँ मैंने देखा कि आश्रम में रहनेवाले साधु शुद्ध नैतिक आचरण, नियमों एवं अनुशासन का पालन करते हैं और साथ ही सामाजिक उत्थान के कार्य भी करते हैं। इस प्रकार की संस्थाएँ अन्य स्थानों पर भी देखी जा सकती हैं। यह महत्त्वपूर्ण है कि इन विभिन्न संस्थाओं, संगठनों और व्यक्तियों की ऊर्जा को एकीकृत किया जाए। सकारात्मक शक्तियों, ऊर्जाओं को एक साथ लाना अत्यंत महत्त्वपूर्ण है। बिशप टूटू ने कहा है कि 'विभिन्न धार्मिक संस्थाओं

और संगठनों को उन क्षेत्रों में कार्य करना चाहिए, जहाँ लोग विभिन्न समस्याओं से जूझ रहे हैं। इससे न केवल उनकी समस्याओं से निपटा जा सकेगा, अपितु यह सामूहिक प्रयास विभिन्न धर्मों को भी निकट लाएगा।' हमें विभिन्न धार्मिक परंपराओं के मध्य सौहार्द विकसित करने का प्रयास करना चाहिए। प्रत्येक परंपरा के अनुयायियों के लिए यह महत्त्वपूर्ण है कि वे इसे निष्ठा और गंभीरता से कार्यान्वित करें। मान लीजिए, हम बुद्धवादी हैं। मानवीय मूल्यों के प्रसार के लिए हमें पहले स्वयं का विकास करने के लिए कड़ा प्रयास करना होगा। उस प्रकार से हम दूसरों के लिए एक अच्छा उदाहरण बन सकेंगे। धर्मांतरण के स्थान पर हमें यह सोचना चाहिए कि अपनी परंपरा द्वारा हम कितना योगदान दे सकते हैं।

हम सभी मानव जाति के अंग हैं और हममें से प्रत्येक का यह उत्तरदायित्व है कि मानव जाति का उत्थान किया जाए और उसमें अतिरिक्त सुख का संचार करें, ताकि वह अधिक शांतिपूर्ण, मित्रतापूर्ण और संवेदनशील बन सके। अत: यदि एक व्यक्ति भी संवेदना और क्षमाशीलता का निष्ठापूर्वक और नियंत्रित रूप से पालन करता है तो चाहे वह कहीं भी रहे, एक सकारात्मक वातावरण उत्पन्न होगा। मानव जाति के उत्थान के लिए यह एक मार्ग है। अपनी परंपरा निभाने से एक व्यक्ति अंतत: आंतरिक आध्यात्मिक अनुभव प्राप्त करता है। यह उस व्यक्ति को अन्य परंपराओं का महत्त्व समझने के योग्य बनाता है। इसीलिए धार्मिक सौहार्द बढ़ाने के लिए व्यक्ति को अपनी परंपरा को गंभीरता व गहराई से समझना चाहिए और जितना संभव हो, उसको कार्यान्वित करना चाहिए।

अपने धर्म या परंपरा के प्रति गंभीरता विकसित करने के लिए आपको अपने दैनिक जीवन से कोई प्रासंगिक सक्रियता अपना लेनी चाहिए। यदि आप अपनी परंपरा का पालन केवल एक आदत या प्रथा के रूप में करते हैं तो यह आपके चित्त के रूपांतरण को अधिक प्रभावित नहीं करेगा। उदाहरणार्थ, कुछ तिब्बती, लद्दाखी और चीनी लोग (जो पीढ़ियों से बौद्ध धर्म का अनुसरण कर रहे हैं) यह मानकर चलते हैं कि बौद्ध धर्म उनकी परंपरा और संस्कृति का ही एक भाग है। वे बुद्ध की शिक्षाओं में अंतर्निहित संदेश के

प्रति निष्ठा विकसित नहीं करते। दूसरी ओर कुछ लोग, जो बुद्धिवादी के रूप में जनमे और पले-बढ़े नहीं हैं, पहले बौद्ध धर्म में रुचि लेते हैं और बुद्ध की शिक्षाओं को अति उत्साह एवं आदर से आत्मसात् कर लेते हैं। आप उनकी निष्ठा देख सकते हैं तो यह अत्यावश्यक है कि गंभीरतापूर्वक अध्ययन किया जाए। बौद्ध धर्म के लिए यह विशेषत: सत्य है, क्योंकि अपनी भावनाओं के रूपांतरण के लिए हमें अपनी बुद्धि का अधिकतम उपयोग करना होगा। आध्यात्मिक आस्था विकसित करने के लिए हमें अपनी बुद्धि का उपयोग करना चाहिए। मैं समझता हूँ कि यह बौद्ध धर्म की विलक्षणता है। इसीलिए नालंदा के गुरुओं की रचनाएँ विवेचना, तर्क, वाद-विवाद, विभिन्न प्रकार की शंकाओं से परिपूर्ण हैं और फिर इनपर व्याख्याएँ, तुलनाएँ एवं विश्लेषण दिए गए हैं।

इस प्रकार हमारे मनोभावों के रूपांतरण का बुद्धवादी मार्ग है, जो आस्था और प्रार्थना नहीं अपितु बुद्धि और तर्क के अधिकतम उपयोग के माध्यम से कार्य करता है। जैसा कि आप जानते हैं, इसके तीन स्तर हैं। एक स्तर पर अपने तर्कों पर निर्भर रहना कठिन है और हमें किसी अन्य के शब्दों पर विश्वास करना होगा; परंतु यहाँ भी हमें छानबीन करनी होगी कि वह व्यक्ति—चाहे वे स्वयं बुद्ध हों—विश्वसनीय है या नहीं। इसीलिए एक बौद्ध साधक के लिए अध्ययन अति आवश्यक है।

यहाँ थंगकाओं द्वारा की गई व्यवस्था में बुद्ध को धुर उत्तर दिशा में दिखाया गया है और उनके निकट स्वामी बैठे हैं। ऐसा प्रतीत होता है कि वे बुद्ध के साथ कुछ बहस कर रहे हैं। बुद्ध ने हमें इस बात की स्वतंत्रता दी है कि हम उनके शब्दों पर प्रश्न उठाएँ। प्रश्न अति महत्त्वपूर्ण हैं। बिना प्रश्न के हम सटीक उत्तर नहीं पा सकते। बिना अविश्वास के, बिना शंका के, बिना परीक्षण के हमें संतोषजनक उत्तर नहीं मिलते। इसीलिए बौद्ध परंपरा में बुद्धि का अधिकतम उपयोग किया जाता है और अध्ययन आवश्यक है।

मैं अब 'छह पूर्णताओं से व्यक्तिगत विकास' पर चर्चा करूँगा। जब हम पूर्णताओं की बात करते हैं तो सबसे पहले हमें 'पूर्णता' शब्द, जिसका अर्थ है 'परे चले जाना' का अर्थ निश्चित करना होगा। 'परे' यहाँ प्रबोधन के

स्थान या मार्ग की ओर संकेत करता है और वह स्थान या मार्ग उस स्थान के संदर्भ में 'परे' कहलाता है, जहाँ हम सामान्यतः एक साधारण व्यक्ति की तरह रहते हैं। इस संदर्भ में जब हम चार महान् सत्यों की बात करते हैं तो पहले दो सत्य अर्थात् सच्चा दुःखभोग और दुःखभोग का मूल इस साधारण पक्ष में हैं तथा अन्य दो सत्य, सच्चा मार्ग और सच्ची समाप्ति 'परे' के मार्ग हैं। यहाँ जब हम 'परे' शब्द का प्रयोग करते हैं तो हमारा तात्पर्य प्रबोधन के सच्चे प्रकारों से होता है। यह शब्द अस्तित्व के चक्र से, सांसारिक अस्तित्व के चक्र से परे चले जाने से संबंध रखता है और इसीलिए जब हम 'परे' शब्द की बात करते हैं तो वह कष्टदायी भावनाओं और दुःखभोग के संपूर्ण समापन से उपजी स्वतंत्रता से संबंधित हो सकता है। इसके अतिरिक्त प्रबोधन का एक महानतर स्वरूप है—बुद्धत्व की स्थिति। यहाँ जब हम 'परे' शब्द का प्रयोग करते हैं तो प्रमुख रूप से इसी अर्थ में करते हैं।

प्रबोधन को तिब्बती में 'जांगचुब' कहते हैं, जिसका अर्थ है—आवश्यक सकारात्मक गुणों को संपूर्णतः आत्मसात् करना। इसलिए इस अर्थ में 'प्रबोधन' शब्द के दो अर्थ हैं—यह उस मार्ग का नाम हो सकता है, जो उस मार्ग पर चलने के परिणामस्वरूप बुद्धत्व की स्थिति तक ले जाता है या इसका अर्थ स्वयं परिणामजन्य बुद्धत्व की स्थिति भी हो सकता है। अतः यह मार्ग और फल दोनों की ओर इंगित करता है। इसलिए जब हम 'पूर्णता' या 'परे' शब्दों का प्रयोग करते हैं, तो इस संबंध में भिन्न विद्वानों के दो दृष्टिकोण हैं।

एक मत के अनुसार, 'पूर्णता' शब्द का प्रयोग मार्ग और फल दोनों के संबंध में किया जा सकता है। दूसरा मत कहता है कि 'पूर्णता' शब्द का प्रयोग केवल फल, न कि मार्ग, के संबंध में किया जा सकता है। अब यदि हम यहाँ 'पूर्णता' शब्द का प्रयोग मार्ग के अर्थ में करें, जो प्रबोधन तक ले जाता है तो वह उस प्रकार की पूर्णता होगी, जो प्रशिक्षण के चरण में उपलब्ध होती है। जब हम 'पूर्णता' शब्द का प्रयोग मार्ग के अर्थ में करते भी हैं तो हम सभी प्रकार के मार्गों के पूर्ण होने की बात नहीं कर सकते। उदाहरणार्थ, दान कर्म या उदारता के मामले में दान कर्म और उदारता साधारणतया पूर्ण नहीं कहे जा सकते। तथापि जब दान कर्म और उदारता एक पद्धति का

अनुसरण करते हैं तो वह बोधिचित्ता का विकास है। ये कार्य चाहे वे सीखने के चरण में ही किए जाएँ, यदि बुद्धिमत्ताजनक रिक्तता से प्रभावित हों तो वे पूर्णताएँ कहला सकते हैं। दान या उदारता के मामले में एक ऐसा सत्कर्म है, जो बोधिसत्त्व के आचरण में आता है और एक ऐसा सत्कर्म भी है, जो बौद्धेतर मतों में बौद्धेतर साधकों द्वारा अपनाया जाता है। उदाहरणार्थ, अहिंसा। यदि कानून के डर से अहिंसा का पालन किया जाए तो उसका धार्मिक आचरण से कोई लेना-देना नहीं है।

प्रत्येक कार्य उसके प्रयोजन पर निर्भर करता है कि वह सत्कर्म है या नहीं—और एक सत्कर्म के लिए, चाहे वह मुक्ति का कारण बने या न बने। इसलिए अपने कार्य को पूर्णता देने के लिए आपके सम्मुख प्रबोधन का स्पष्ट लक्ष्य होना चाहिए; साथ ही यह आकांक्षा भी कि आपका प्रबोधन मात्र आपकी मुक्ति से परे भी जाएगा।

जब महान् प्रबोधन या बुद्धत्व प्राप्त करना हमारा लक्ष्य होता है तो जो मार्ग हम प्रशस्त करते हैं उसका परोपकारी स्वभाव का होना आवश्यक है, उसके मूल में यह आकांक्षा होनी चाहिए कि मेरा प्रबोधन सभी सचेतन प्राणियों के भले के लिए है। इस प्रयोजन में अन्य सचेतन प्राणियों के लाभार्थ कई गतिविधियाँ और कार्य सम्मिलित हैं। इसलिए ऐसी विशिष्ट मनोवृत्ति महत्त्वपूर्ण है, जो प्रबोधन प्राप्त करने के लिए सभी दुःखी प्राणियों की सेवा की भावना रखती हो।

महान् प्रबोधन या बुद्धत्व का एक और पहलू यह है कि यह मनोदशा सभी प्रकार की जटिलताओं से मुक्त है। जब हम इस मनोदशा की बात करते हैं तो इसके कई अर्थ हो सकते हैं। इसका अर्थ यह हो सकता है कि जब आप बुद्धत्व की मनोदशा प्राप्त करते हैं तो वह विभिन्न प्रकार के प्रदूषणों, दुःखों और कष्टदायी भावनाओं से मुक्त है। इस प्रकार का प्रबोधन न केवल इन सब भावनाओं से, बल्कि सभी दोहरे स्वरूपों से भी मुक्त है। जब आप ऐसी मनोदशा प्राप्त करते हैं तब कर्ता और कर्म के द्वैत तथा आप में रूढ़िवादिता के आभास के रूपों में आनेवाली जटिलताओं से मुक्त हो जाते हैं।

आप मुक्त इसलिए नहीं हैं कि कर्ता-कर्म द्वैत या आप में रूढ़िवादिता

का आभास इस अर्थ में समाप्ति के पात्र हैं कि ये नकारात्मक भाव हैं, बल्कि आप मुक्त इसलिए हैं कि जब आप प्रबोधन की मनोदशा में पहुँचते हैं तो ये जटिलताएँ विलुप्त हो जाती हैं। इस मनोदशा में प्रबोधित चित्त या सर्वज्ञता ऐसी होती है कि वह रिक्तता में संपूर्णतः विलीन हो जाती है। ऐसे चित्त में जटिलताएँ नहीं होतीं। जब आप प्रबोधन की स्थिति में पहुँचते हैं तो उसके दो पहलू और क्षण होते हैं। एक है, प्रबोधन की ऐसी स्थिति में पहुँचने के पश्चात् व्यक्ति में सचेतन प्राणियों की आकांक्षाएँ स्वेच्छा और सहजता से पूर्ण करने की क्षमता आ जाती है। इस प्रकार की संभावना, जब आप प्रशिक्षु होते हैं तब सभी सचेतन प्राणियों के लिए प्रबोधन की आकांक्षा के कारण परोपकारी प्रयोजनों के विकास में से उत्पन्न होती है।

प्रबोधन की मनोदशा का एक और पहलू है, जैसा हमने पहले बताया है कि वह सभी प्रकार की जटिलताओं से मुक्त होती है और ऐसी स्थिति प्राप्त करने का कारण बुद्धिमत्ता संवर्धनकारी रिक्तता है। यह सर्वज्ञता की स्थिति कारणों और घटकों का उत्पाद है। यह एक सकारण घटना है। चूँकि सर्वज्ञता की यह स्थिति कारणों और घटकों का उत्पाद है, यह कारण-कार्य सिद्धांत की परिधि में आता है। इसलिए कारण और कार्य, मार्ग और फल की यह प्रणाली परस्पर निर्भर उत्पादन के संदर्भ में ही है। जो दुःख हम झेलते हैं वे उनके अपने कारणों और परिस्थितियों में से उपजते हैं। इसी प्रकार जो सुख हम अनुभव करते हैं वे भी उनके अपने कारणों और परिस्थितियों पर निर्भर हैं।

प्रबोधन के रूप में मिलनेवाला सर्वोत्तम प्रकार का सुख भी कारणों और परिस्थितियों से ही उपजता है। इस प्रकार ये घटनाएँ कारण-कार्य नियम के संदर्भ में ही होती हैं। किसी भी प्रकार का परिणाम या फल इन्हीं कारणों और परिस्थितियों पर निर्भरता से ही आता है, जिनमें ऐसा विशिष्ट प्रकार का परिणाम उत्पन्न करने की क्षमता होती है। इसी कारण से बुद्ध एक सूत्र में कहते हैं कि मीठे उत्पाद और फल मीठे बीजों से ही उत्पादित हो सकते हैं। इसी प्रकार कड़वे उत्पाद और फल कड़वे बीजों का ही परिणाम हैं। इसलिए बुद्धत्व या प्रबोधन की स्थिति में जो उदात्त गुण हम देखते हैं, वे आवश्यक

रूप से हमारी ही क्षमताओं और संभावनाओं में से आने चाहिए। इनके अभाव में बुद्धत्व की स्थिति या बुद्ध के गुण विकसित करना असंभव है।

प्रबोधन की स्थिति में बुद्ध के दो शरीर होते हैं—रूपकाया और धर्मकाया। बुद्ध की रूपकाया सचेतन प्राणियों की सहायता के लिए उनके सम्मुख स्वतः और अनायास ही प्रकट होती है। धर्मकाया, जैसे हम पहले चर्चा कर चुके हैं, सभी प्रकार की जटिलताओं से मुक्त स्थिति का नाम है। बोधिचित्ता का विकास और अभ्यास रूपकाया की प्राप्ति का कारण है और धर्मकाया की उपलब्धि का कारण है बुद्धिमत्ता-संवर्धक रिक्तता।

यदि हम बुद्धिमत्ता-संवर्धक रिक्तता और बोधिचित्ता के अर्थ के सरलीकरण का प्रयास करें तो हम कह सकते हैं कि बुद्धिमत्ता-संवर्धक रिक्तता बुद्धि का सर्वोत्तम रूप है—उसके विकास का शिखर और बोधिचित्ता मानवीय भावना का सर्वोत्तम रूप। हम अनुभव करते हैं कि हमारे पास पहले ही दोनों का आधार है। हमारे पास भावनाएँ हैं, निर्णय करने की क्षमता है और बुद्धि भी। इसलिए हम बुद्ध की शिक्षाओं की रूपरेखा तीन बिंदुओं पर बनाते हैं। प्रथम, प्रकृति के नियम से संबंधित आधारभूत गुणों की प्रस्तुति। हम मार्ग के उस चरण में हैं जहाँ प्रकृति के नियम के अनुरूप क्रियाएँ की जाती हैं। इन क्रियाओं के माध्यम से हम प्रबोधन के रूप में फल प्राप्त करते हैं, यह भी मार्ग के अनुरूप ही है। इस प्रकार हम 'पूर्णता' शब्द का प्रयोग प्रशिक्षण स्तर पर की जानेवाली उन क्रियाओं के लिए करते हैं, जो बोधिचित्ता और बुद्धिमत्ता-संवर्धक रिक्तता से प्रभावित होती हैं।

बुद्धिमत्ता-संवर्धक रिक्तता दो प्रकार की होती है। पहली रिक्तता को प्रत्यक्ष रूप से देखने में असमर्थता, परंतु एक प्रकार के प्रजातीय बिंबों के माध्यम से उसका दर्शन। दूसरा प्रकार प्रत्यक्ष रूप से अनुभव किया या समझा जाता है और वह किसी माध्यम या प्रजातीय बिंब पर निर्भर नहीं होता। तो जब हम उन क्रियाओं की बात करते हैं, जो बुद्धिमत्ता और पद्धति से प्रभावित होती हैं तब वह उन बुद्धिमत्ताओं से संबंधित होती है जो रिक्तता को प्रत्यक्षतः समझने में सक्षम है। इसी प्रकार जब हम बोधिचित्ता—अर्थात् वह चित्त, जो अन्य सचेतन प्राणियों के कल्याण की आकांक्षा रखता है, को

विकसित करने की आवश्यकता के बारे में बात करते हैं तो देखते हैं कि ऐसा चित्त विकसित किया जा सकता है, क्योंकि अपने मन में हम सब में यह स्वानुरागी मनोवृत्ति उपस्थित होती है। हम ऐसी मनोवृत्ति इसलिए बना लेते हैं, क्योंकि हममें स्वयं के लिए निकटता का भाव होता है। एक प्रकार से हमें स्वयं से प्रेम होता है और इसके आधार पर हम स्वानुरागी प्रवृत्ति विकसित कर लेते हैं।

इसी प्रकार यदि आप अन्य लोगों, अन्य सचेतन प्राणियों से निकटता अनुभव करें तो आप उसका उपयोग अन्य लोगों, अन्य सचेतन प्राणियों के कल्याण की आकांक्षा विकसित करने में कर सकते हैं। इसलिए पहले एक प्रकार का स्वानुराग होना चाहिए, क्योंकि स्वयं के प्रति आदर की भावना के अभाव में यह संभव नहीं है या कठिन है कि ऐसे चित्त का विकास हो सके, जो अन्य सचेतन प्राणियों के कल्याण की भावना रखता है। मूलतः हम सभी स्वयं के प्रति निकटता का भाव रखते हैं। ऐसे मामलों में भी जहाँ स्वयं से घृणा दिखाई देती हो, मन की गहराइयों में स्वानुराग की भावना छिपी होती है।

स्वानुराग की मनोवृत्ति को धीरे-धीरे अन्य प्राणियों तक विस्तारित किया जा सकता है। पशुओं में भी एक सीमित परोपकार की भावना होती है, विशेषतः उनमें, जिनके बच्चे एक अवधि तक उनपर निर्भर होते हैं। स्वाभाविक रूप से एक विशिष्ट प्रेम का बंधन होता है। अतः ऐसा प्रेम, दुलार की स्वाभाविक भावना एक जैविक आवश्यकता है; क्योंकि शरीर की संरचना एवं गठन इस प्रकार की है कि आप प्रेम पर निर्भर रहने के लिए बाध्य हैं। जीवित रहने के लिए हमें एक-दूसरे का ध्यान रखना होगा। हमारे अंदर दूसरों के लिए प्रेम का बीज या संवेदना या स्नेह पहले ही विद्यमान है, क्योंकि हमें स्वयं से स्नेह है। वही बीज है।

प्रश्न उठता है—असीम परोपकारिता कैसे विकसित करें? ऐसा लगता है कि बुद्धिमत्ता और बुद्धि से असीमित परोपकारिता का विकास संभव है। सामान्यतः जब कोई दूसरों के लिए प्रेम और संवेदना विकसित करने की बात करता है तो ऐसा लगता है कि यह उनके लाभ और सहायता के लिए है, किंतु

स्वयं के लिए अनुपयोगी या असंगत है। यह एक भ्रांत दृष्टिकोण है, क्योंकि जब आप दूसरों के लिए प्रेम और संवेदना विकसित करते हैं तब अपने मन में गहरा संतोष और साहस अनुभव करते हैं। परिणामस्वरूप, आप जो ऐसा आचरण करते हैं, लाभान्वित होते हैं। आप में भय की भावना कम होगी, इच्छाशक्ति और आत्मविश्वास बढ़ेगा। व्यक्ति स्वत: अधिक शांतिपूर्ण हो जाता है। आपकी प्रेम और संवेदना की अभिव्यक्ति अन्य सचेतन प्राणियों को कितना लाभ पहुँचाती है, यह उनकी मनोवृत्ति और ग्रहणशीलता पर निर्भर है। स्पष्ट रूप से बुद्ध और उनके अनुयायियों ने असीम परोपकारिता, प्रेम और संवेदना, जो अति शक्तिशाली थी, का विकास किया; परंतु हमारे संवेदनापूर्ण व्यवहार से हम आश्वस्त नहीं हो सकते कि वह दूसरों को लाभ पहुँचाएगा या नहीं। कभी-कभी आप किसी को देखकर मुसकराने का प्रयास कर रहे हों या किसी प्रकार अपनी सच्ची भावनाएँ व्यक्त कर रहे हों तो लोग संदेह करने लगते हैं। परंतु जहाँ तक स्वयं आचरणकर्ता का प्रश्न है, जैसे ही परोपकारी मनोवृत्ति विकसित होती है, बड़ा लाभ प्राप्त होने लगता है।

ऐसा सोचना कि संवेदनापूर्ण व्यवहार केवल दूसरों के लिए अच्छा है, भ्रांतिपूर्ण है। मैं समझता हूँ कि जब आप दूसरों का ध्यान रखते हैं तो अंत में आप ही को सर्वाधिक लाभ मिलता है। कभी-कभी मैं अपने श्रोताओं से विनोद में कहता हूँ—ओह! ये बोधिसत्त्व कितने स्वार्थी हैं! सदा दूसरों के बारे में सोचते हैं। मैं सोचता हूँ, हमारी कई कठिनाइयाँ और समस्याएँ हमारे मानसिक प्रक्षेपण के कारण हैं। यदि किसी व्यक्ति की मनोवृत्ति सही है तो प्रतिकूल परिस्थितियों में भी वह शांत और प्रसन्न रह सकता है। लामा सोंगखापा ने इस पर सटीक टिप्पणी की है।

जब हम पूर्णताओं, विशेष रूप से छह पूर्णताओं, के व्यवहार की बात करते हैं और दूसरों के लिए इन व्यक्तिगत क्रियाओं के महत्त्व को जानने का प्रयास करते हैं तो हमें चित्त की परिपक्वता के लिए अनुशासन सुनिश्चित करने के चार मार्गों के आचरण का पता चलता है। इसका अर्थ है कि छह पूर्णताओं के माध्यम (उपलब्धि) से दूसरों की सहायता का संबंध है। तथापि यदि आप एकाग्रता और बुद्धिमत्ता-संवर्धक रिक्तता के अभ्यासों का परीक्षण करें तो पता

चलेगा कि ये व्यक्ति की बुद्धिमत्ता के संवर्धन और उन्नयन के लिए किए गए मनन और प्रविधियाँ हैं।

जब हम नैतिकता के आचरण की बात करते हैं तो यह आत्मशुद्धि की एक पद्धति है। जब हम दान की बात करते हैं तो हमारा तात्पर्य दान के द्वारा दूसरों की निर्धनता दूर करने से नहीं, अपितु उस मनोदशा से है जिसमें आप जब उन्हें इसकी आवश्यकता है, अपना तन, धन और खुशियाँ दूसरों को देने के लिए सदा तत्पर रहते हैं। इसका यह अर्थ सचमुच नहीं है कि आप लोगों की समस्याओं और निर्धनता का समाधान करने में सक्षम हैं। दान और उदारता का आचरण दूसरों को कुछ देने की उस व्यक्ति की इच्छा पूर्ण करने के लिए है। इस तरह से दूसरों की सेवा के लिए स्वयं को समर्पित करने का साहस और संकल्प विकसित करते हैं।

दान और उदारता के आचरण के, उनकी गुणवत्ता के अनुसार, तीन स्तर हैं। पहला स्तर 'भौतिक सुविधाएँ देना' कहलाता है, दूसरा है 'निर्भयता देना'—अर्थात् दुःखों और भय से दूसरों की रक्षा करना और तीसरा स्तर 'धर्म शिक्षा देना' कहलाता है। भौतिक सुविधाएँ देने के दो प्रकार हैं। एक है बाह्य भौतिक सुविधाएँ प्रस्तुत करना और दूसरा है आंतरिक भौतिक सुविधाएँ प्रस्तुत करना। उदाहरण के लिए, अपनी आँख या अंग प्रस्तुत करना। जब दान कर्म के क्रियान्वयन की बात आती है, चाहे वह बाह्य भौतिक सुविधाएँ देना हो या अपने शरीर के अंग देना हो, महत्त्वपूर्ण यह है कि क्या यह देने का सही समय है? दान देते समय आपको उस व्यक्ति की ठीक से जाँच-पड़ताल करनी चाहिए, जिसे आप उपहार दे रहे हैं, फिर उपहार का समय और आपका प्रयोजन भी देखना चाहिए। उदाहरणार्थ, किसी को विष या अस्त्र देने की अनुमति नहीं है।

सामान्यतः औषधि जैसी कोई वस्तु किसी को देने के लिए उचित समझी जाती है, तथापि कुछ परिस्थितियों में, कुछ विशिष्ट व्यक्तियों के मामले में औषधि देना सहायक होने के स्थान पर हानिकारक हो सकता है और ऐसा करना हतोत्साहित किया जाना चाहिए। किसी को खाना देने का प्रस्ताव सामान्यतः उचित और स्वागत योग्य है, परंतु यह प्रस्ताव आप उस

व्यक्ति को करें, जो उपवास कर रहा हो तो यह अनुचित है। इसीलिए जब आप दान और उदारता को क्रियान्वित करते हैं तब यह महत्त्वपूर्ण है कि उससे संबंधित सभी बातों का विश्लेषण एवं परीक्षण कर लें।

जहाँ तक नैतिकता के आचरण का संबंध है, विशेष रूप से बोधिसत्त्व के आचरण के संदर्भ में, तीन प्रकार की नैतिकता होती है। पहली 'नकारात्मक कार्यों को न करने की नैतिकता' कहलाती है; दूसरी है 'सद्‌गुण संचयी नैतिकता' और तीसरी कहलाती है 'सचेतन प्राणियों के प्रयोजन पूर्ण करने की नैतिकता'। ये तीनों प्रकार की नैतिकताएँ परस्पर संबंधित हैं। तीसरे प्रकार की नैतिकता विकसित करने के लिए आपको दूसरे प्रकार की नैतिकता का विकास करना आवश्यक होगा। जब तक आप में विभिन्न सद्‌गुण न हों, दूसरों की सहायता करना संभव नहीं है। सद्‌गुणों के विकास के लिए आपको पहली नैतिकता विकसित करनी होगी। जब तक आप कष्टदायी भावनाओं को नष्ट न कर दें या उनसे दूर न रहें, सद्‌गुणों का विकास करना संभव नहीं है।

जहाँ तक धैर्यपूर्ण आचरण का संबंध है, यह तीन प्रकार का होता है—पहला है 'कठिनाइयों और दुःखों को झेल पाने का धैर्य'; दूसरा है 'दुःखों और कठिनाइयों को स्वेच्छा से झेलने का धैर्य' और तीसरा है 'धार्मिक अभ्यासों में निश्चयात्मकता विकसित करने का धैर्य', जो रिक्तता पर चिंतन-मनन से संबंधित है।

अभ्यास और एकाग्रता की पूर्णता को लेकर मतभेद हैं, परंतु वे मुझे स्मरण नहीं हैं। तथापि एकाग्रता के मामले में एक स्तर परंपरागत सत्य के आचरण से संबंधित है और दूसरा रिक्तता के दर्शन के अभ्यास से।

बुद्धिमत्ता पर विचार करते हुए हम कह सकते हैं कि बुद्धिमत्ता प्रमुख रूप से दो प्रकार की होती है—एक है 'परंपरागत तथ्यों का अन्वेषण करनेवाली बुद्धिमत्ता' और दूसरी 'परम सत्ता, परम सत्य को उपलब्ध करानेवाली बुद्धिमत्ता'। शांत, स्थिर चिंतन, मनन या विशिष्ट अंतर्दृष्टि की पहचान इस बात से नहीं होती कि लक्ष्य एक परंपरागत सत्य है। यह एक परम सत्य बल्कि लक्ष्य के प्रति चित्त की एकाग्रता से होती है।

तो छह पूर्णताओं की बात यहाँ पूर्ण होती है। छह पूर्णताओं का अभ्यास

सार रूप में दो पूर्णताओं के अभ्यास से पूर्ण किया जा सकता है—पद्धति (प्रतिभा-संचयन के लिए) और बुद्धिमत्ता (बुद्धिमत्ता के संचयन के लिए)। हम छह पूर्णताओं को पद्धति और बुद्धिमत्ता में इस प्रकार वर्गीकृत करते हैं—एकाग्रता और बुद्धिमत्ता के अभ्यास को हम बुद्धि संचयन वर्ग में रखते हैं और दान व नैतिकता के पालन के अभ्यास तथा धैर्यपूर्ण आचरण का एक भाग हम 'प्रतिभा संचयन' वर्ग में रखते हैं। जहाँ तक परिश्रम के अभ्यास का प्रश्न है, उसका एक भाग प्रतिभा-संचयन में और दूसरा बुद्धिमत्ता-संचयन में सम्मिलित करते हैं।

परिश्रम प्रतिभा-संचयन और बुद्धिमत्ता-संचयन दोनों पर लागू होता है। इन सबका अभ्यास बुद्ध रूपकाया और धर्मकाया की उपलब्धि के दो प्रमुख कारण हैं। मार्ग का पद्धति और बुद्धिमत्ता में वर्गीकरण लक्ष्य की आधारभूत वास्तविकता से संबंधित है, क्योंकि प्रकृति के नियमानुसार हम घटनाओं के दो वर्ग देखते हैं। एक है परंपरागत घटनाएँ और दूसरा उन्हीं घटनाओं की चरम सत्ता। हम दो सत्यों की बात करते हैं—परंपरागत सत्य और चरम सत्य। इन दोनों सत्यों को ठीक से समझने के लिए दृश्य और वास्तविकता की असमानता को समझना महत्त्वपूर्ण है।

एक ओर हमारे सम्मुख कई प्रकार के दृश्य होते हैं तथा दूसरी ओर एक वास्तविकता है, जो उन दृश्यों से भिन्न है। इसलिए मैं समझता हूँ, जब हम कुछ भी सीखने की प्रक्रिया का आरंभ करते हैं तो हम दृश्य और वास्तविकता की इस असमानता या दूरी या अंतर को कम करने का प्रयास कर रहे होते हैं।

हम शिक्षा, विशेष रूप से प्रयोगों सहित, विश्लेषणात्मक शक्ति के माध्यम से सत्य को जानने का प्रयास करते हैं, हम केवल दृश्यों से संतुष्ट नहीं होते। शिक्षा और अन्वेषण दृश्यों और सत्यता के अंतर को कम करने में सहायता करते हैं। दो सत्यों की अवधारणा इस अंतर को कम करने में भारी सहायता करती है। चूँकि कई नकारात्मक भावनाएँ दृश्यों के आधार पर विकसित होती हैं, इसलिए सत्य की उपलब्धि नकारात्मक भावनाओं को कम कर देती है। इसीलिए शून्य की अवधारणा दैनिक अनुभवों के लिए

बहुत प्रासंगिक है। यदि ये अवधारणाएँ केवल बौद्धिक स्तर पर रहें, केवल सूचनाओं के रूप में, तो उनका प्रभाव बहुत कम होगा।

परम पावन, किसी ने आतंकवाद के कारण के बारे में पूछा है। क्या प्रतिहिंसा आतंकवादी गतिविधियों को नियंत्रित कर सकती है? आतंक से भरे इस विश्व में, जो सभ्यताओं के हिंसक टकराव की ओर जा रहा है, संवेदना की क्या भूमिका है?

निश्चित रूप से आतंकवाद के मूल में घृणा, अदूरदर्शिता और संकुचित मनोवृत्ति है। मैं समझता हूँ कि प्रत्युपाय दो स्तरों पर होने चाहिए। एक, तात्कालिक उपाय या प्रत्युपाय और दूसरा, दीर्घकालिक। अतः मैं सोचता हूँ कि सभी नेताओं और संबंधित लोगों को इस स्थिति से निपटने के लिए अहिंसक उपाय खोजने का भरसक प्रयास करना चाहिए। यही मेरी आकांक्षा है, मेरी प्रार्थना है। अन्यथा मैं नहीं जानता कि इन बातों से कैसे निपटा जाए, क्योंकि मानसिक स्थितियाँ, भावनाएँ नियंत्रण से बाहर हो जाएँगी। दीर्घकाल में, मैं सोचता हूँ, हमारा संपूर्ण विश्व और समाज अधिक संवेदनशील बन जाना चाहिए। जब हमारे बीच असहमति या विरोध होंगे तब हम संवाद के माध्यम से एक शांतिपूर्ण प्रतिक्रिया और शांतिपूर्ण समाधान की अपेक्षा रखेंगे। मैं सोचता हूँ, हम ऐसा कर सकते हैं। अंततः हम एक अधिक संवेदनशील समाज की रचना कर सकेंगे। निश्चित रूप से यह सरल नहीं होगा; परंतु मैं सोचता हूँ, यह संभव है।

कुछ लोग कहते हैं कि पश्चिमी लोग सामान्यतः वज्रयान मार्ग पर तिब्बतियों के समान त्वरित प्रगति नहीं करते। क्या आप इस विचार से सहमत हैं? यदि हाँ, तो क्यों?

तिब्बती समाज में भी यद्यपि कई लोग तंत्र की साधना करते हैं, परंतु ऐसे लोग बहुत कम हैं जो तंत्र के मूल पाठ के अनुसार सिद्धि प्राप्त करते हैं। जैसा मैंने पहले बताया, ऐसा आंशिक रूप से गंभीरता के अभाव से होता है, क्योंकि यह दैनिक नित्यचर्या के रूप में किया जाता है। आप कुछ प्रार्थनाओं

का पाठ करते हैं और नित्यचर्या के रूप में साधना करते हैं। निश्चित रूप से यह मेरी धारणा है। इसलिए मैं नहीं समझता कि पश्चिम-वासियों और पूर्व-वासियों में अधिक अंतर है। दोनों समान ही हैं।

आध्यात्मिकता के एक उच्चतर स्तर पर ले जानेवाली पद्धति और उसका चुनाव कितना महत्त्वपूर्ण है?

वह अत्यंत महत्त्वपूर्ण है, क्योंकि यदि आप एक पद्धति का अनुसरण करते हैं और एक ऐसा मार्ग चुनते हैं, जो प्रासंगिक हो और आपके स्वभाव के अनुकूल हो तो वह अधिक प्रभावशाली होगा। तांत्रिक साधना विषयक दूसरे प्रश्न के संबंध में तांत्रिक या वज्रयान साधना एक महायान साधना है और इसलिए उसे बोधिचित्ता और बुद्धिमत्ता-संवर्धक रिक्तता के विकास से प्रभावित होना चाहिए। बोधिचित्ता और बुद्धिमत्ता-संवर्धक रिक्तता के विकास के अभाव में तांत्रिक साधना आरंभ करना असंभव है। कुछ लोगों का यह विचार है कि हीनयान, महायान और वज्रयान विभिन्न यान या वाहन हैं और वे एक-दूसरे से पूर्ण स्वतंत्र हैं। यह नितांत भ्रांतिपूर्ण धारणा है।

बोधिसत्त्व यान, जिसे महायान भी कहते हैं, की साधना करने के लिए व्यक्ति को यह समझना चाहिए कि इस साधना की नींव चार महान् सत्य और आठ गुना मार्ग की शिक्षाओं पर रखी गई है। उसी नींव पर बोधिसत्त्व की साधना निर्मित हुई है। इसलिए हीनयान या थेरावाद परंपरा में निर्दिष्ट इन आधारभूत साधनाओं के अभाव में महायान की साधना का निर्माण संभव नहीं है। महायान सूत्रयान की साधना के अभाव में महायान तांत्रिक साधना आरंभ करना संभव नहीं है। उच्च स्तरीय आध्यात्मिक साधनाएँ उनकी पूर्ववर्ती साधनाओं की नींव पर निर्मित होती हैं।

हिंदू एक अवैयक्तिक, निर्गुण, अवर्णनीय ईश्वर तथा ब्रह्म की बात करते हैं। प्रबोधन का अर्थ ब्रह्मलीन हो जाना है। बुद्धवादी यद्यपि ईश्वर को स्वीकार नहीं करते, तथापि क्या बुद्ध स्वभाव ब्रह्म का ही बुद्धवादी स्वरूप है?

यदि आप प्रयास करें तो किसी सीमा तक ऐसी व्याख्या कर सकते हैं। ईसाई परंपरा में त्रिदेव को कभी-कभी बुद्ध, धर्म और संघ या तीन कायाओं—धर्मकाया, संभोगकाया और निर्माणकाया—की बुद्धिवादी धारणा के समान समझा जाता है। हम इस प्रकार की समानताएँ पहचान सकते हैं। लेकिन यह महत्त्व नहीं रखता।

यदि मुक्ति भी किसी कारण का परिणाम है तो बुरा अच्छा कैसे बन सकता है?

बुरा अच्छा बन सकता है, क्योंकि हम बुरे कर्मों की निरंतरता को समाप्त कर सकते हैं। यहाँ मैं सोचता हूँ, बोधिसत्त्वयान के अनुसार या विशेष रूप से माध्यमिक दार्शनिक दृष्टिकोण में किसी सचेतन प्राणी, जिसमें भावना और बोधशक्ति हो, में कुछ है, जो अनादि है। चित्त, सूक्ष्म चित्त अनादि है। लामा सोंगखापा के मार्ग के महान् तांत्रिक चरणों में वे वज्रशेखर नामक एक व्याख्यात्मक तंत्र से एक उद्धरण देते हैं, जो कहता है कि आवागमन का चक्र तंत्र की ही निरंतरता है और निर्वाण स्वयं एक परवर्ती तंत्र है। जब हम आवागमन के चक्र या निर्वाण की बात करते हैं, इसकी व्याख्या तंत्र की निरंतरता, जो कि चित्त की निरंतरता है, के संबंध में की जानी चाहिए। परंतु जब तक चित्त की निरंतरता है और अशुद्ध या कष्टपूर्ण भावनाएँ उनके प्रतिकारकों द्वारा नष्ट हो जाती हैं, तब ऐसा कहा जाता है कि चित्त निर्वाण की अवस्था में आ गया है।

निर्वाण स्वयं कारणभूत नहीं है, कारणों और परिस्थितियों पर निर्भर नहीं है। प्रासंगिक माध्यमिकों के दार्शनिक दृष्टिकोण तथा नागार्जुन व चंद्रकीर्ति की पद्धति के अनुसार, जब हम निर्वाण की बात करते हैं तो हमारा तात्पर्य उस चरम अवस्था एवं चित्त की परम सत्यता से है—जिस समय चित्त कष्टदायी भावनाओं से पूर्णतः शुद्ध हो जाता है।

मैं अपने पड़ोसियों को सुखी देखकर बहुत दुःखी हूँ। मैं जानता हूँ कि यह गलत है, परंतु इसे कैसे नियंत्रित करूँ? मैं अपने बच्चे को

सर्वोत्तम देखना चाहता हूँ। क्या यह गलत है?

आप मित्रों को पसंद करते हैं या नहीं? मैं समझता हूँ कि अधिकांश लोग मित्रों से प्रेम करते हैं। यदि आपके मित्र हैं, सच्चे मित्र, जिनके साथ आप मुसकराहटें और विभिन्न अनुभव विश्वास के साथ बाँट सकते हैं तो (उनके कारण) आप अधिक प्रसन्न व शांत हो सकते हैं। यदि आप सभी पर अविश्वास करें तो आप एकाकी अनुभव करेंगे और आपके मन में असुरक्षा की भावना उत्पन्न होगी। इसलिए कम-से-कम इतनी संभावना तो है कि आपका पड़ोसी आपका मित्र बन सकता है। क्या ऐसा पड़ोसी पाना बेहतर नहीं होगा, जो आपका मित्र हो—बजाय ऐसे पड़ोसी के जो आपका शत्रु हो? कोई आपका मित्र बनता है या शत्रु, यह आपकी मनोवृत्ति पर निर्भर है। पहले आपको अपना हाथ बढ़ाना और मित्रता दरशानी होगी, फिर यह संभावना है कि अंततः मनोवृत्तियाँ बदल जाएँ। यदि किसी के प्रति नकारात्मक बने रहें तो आपके लिए किसी का मित्र बनना असंभव होगा।

एक स्नेही हृदय के लिए धन या शक्ति नहीं, सच्चे मित्र अधिक महत्त्व रखते हैं। जब आप धन, राजनीतिक शक्ति या प्रसिद्धि प्राप्त करते हैं तो आपको विभिन्न प्रकार के मित्र मिल सकते हैं; पर निश्चित रूप से ये सच्चे मित्र नहीं होंगे। एक सच्चा मित्र आपको बस एक मनुष्य, एक भाई या बहन समझता है और उसी स्तर पर स्नेह दरशाता है। चाहे आप धनी हों या निर्धन, उच्च पद पर हों या निम्न पद पर, वही सच्चा मित्र है।

परमपावन ने दुःख में दूसरों की सहायता करने की बात कही। उस संदर्भ में जब कोई मर रहा हो तो उसे सुख-मृत्यु देने या मॉरफीन की खुराक बढ़ाने के बारे में आप क्या अनुभव करते हैं?

सामान्यतः सुख-मृत्यु का प्रयोग न करना ही बेहतर है; परंतु कुछ अपवाद हो सकते हैं।

ज्ञान प्राप्त करने के प्रति विद्यार्थियों की प्रवृत्ति क्या होनी चाहिए?

मैं नहीं जानता। आपको पहल करनी होगी और परिश्रम करना होगा।

सामान्यत: जब हम ज्ञान प्राप्त करते हैं तो इस प्रक्रिया के तीन स्तर होते हैं—श्रवण, विचार करना, फिर चिंतन करना। तो केवल सुनना और सुनने से जो ज्ञान प्राप्त होता है वह बहुत सतही होता है। व्यक्ति को स्वयं विचार करना होगा और यदि संभव हो तो प्रयोग करना, आगे अन्वेषण और विश्लेषण करना चाहिए। उस तरह से आपको गहरा बोध होगा। तब आपका ज्ञान अधिक गहरा होगा और अंतत: कार्यान्वियन के लिए तैयार होगा। यदि यह प्रश्न एक बुद्धवादी, विशेष रूप से एक तिब्बती बुद्धवादी ने किया होता तो मैं उन्हें मंशजुश्री के मंत्र 'ओम आह रा पा द्सा ना धि' का पाठ करने के लिए भी कहता। यदि आप इसका पाठ करें तो यह आपकी बुद्धि को बढ़ाएगा। मैं स्वयं अपनी बाल्यावस्था से इस मंत्र का पाठ करता रहा हूँ। यह सहायक होता है या नहीं, मैं नहीं जानता, परंतु निश्चित रूप से इससे कोई हानि नहीं होगी।

क्या विश्व के सभी लोगों के लिए एक वैश्विक धर्म की कोई संभावना है?

नहीं, यह संभव नहीं है। मैं समझता हूँ, एक 'वैश्विक धर्म' का अर्थ प्रेमपूर्ण मानव हृदय, स्नेह, संवेदनशीलता और परोपकारी चित्त हो सकता है। यह एक वैश्विक धर्म हो सकता है। इसको छोड़कर मैं देखता हूँ कि विभिन्न परंपराएँ बनी रहती हैं। वे मानव समाज की विविधता के लिए उपयोगी हैं। केवल एक धर्म…मैं नहीं सोचता कि उसमें कुछ अधिक लाभ है।

क्या कर्म का सिद्धांत वैध है? क्या जो कुछ होता है वह पूर्व निर्धारित है?

'कर्म' शब्द का अभिप्राय 'पूर्व निर्धारित' नहीं है। कर्मों के विभिन्न स्तरों पर निर्भर रहकर कोई व्यक्ति अपने जीवन के अनुभव को बदल सकता है। मैं अपने दैनिक जीवन से ही एक उदाहरण दे रहा हूँ—प्रात:काल में आप कोई योजना बनाते हैं, आप कदाचित् कोई विशिष्ट कार्य करना चाहते हैं, जो योजनाएँ पिछले सप्ताह बनाई थीं उन्हें क्रियान्वित करते हैं, फिर कोई आकस्मिक संकट

आ जाता है और सबकुछ बदल जाता है। यद्यपि किसी निश्चित कार्य का परिणाम नियोजित है, फिर भी किसी अधिक ऊर्जावान् कार्य से आप इस परिणाम को बदल सकते हैं।

इतनी अधिक संख्या में युवाओं को हृदय संबंधी समस्याएँ क्यों हो रही हैं?

मैं समझता हूँ, तनाव के कारण। कमजोर आंतरिक शक्ति और अन्य लोगों से अत्यधिक अपेक्षाओं के कारण—और अत्यधिक महत्त्वाकांक्षा से भी। कदाचित् व्यवहार संबंधी समस्याएँ, नशीली दवाएँ, शराब आदि से भी। इस बारे में चिकित्सक अधिक जानकारी दे सकते हैं।

परम पावन, कई लोग आपको लेकर बहुत अधिकारिता अनुभव करते हैं। आप इससे कैसे निपटते हैं?

आप मुझ पर अधिकार रख सकते हैं; परंतु इससे मुझे कोई अंतर नहीं पड़ता। मैं बस यहाँ बैठा हूँ।

परंतु परम पावन, यह दूसरों के लिए समस्याएँ खड़ी कर देता है!

यदि यह समस्याएँ खड़ी करता है तो उन्हें अधिकारिता का त्याग करना चाहिए। इसी प्रकार का एक प्रश्न जर्मनी में भी उठा था। वहाँ मैंने कहा था कि मैं स्वयं को पृथ्वी, वायु, जल और अग्नि : इन तत्त्वों से निर्मित समझता हूँ। यदि कोई किसी भी प्रकार से मुझसे लाभ उठाते हैं तो वे आनंदित रहें।

(—सर शंकरलाल हॉल, मॉडर्न स्कूल, 2002)

□

समचित्तता का विकास

समय किसी की प्रतीक्षा नहीं करता, न ठहरता है; वह सदा चलता रहता है। मैं एक बौद्ध साधु और साधक के रूप में पिछले दो दशकों को पीछे मुड़कर देखता हूँ तो अनुभव करता हूँ कि मेरा आध्यात्मिक विकास बहुत कम हुआ है। तथापि अधिक ध्यानपूर्ण चिंतन के पश्चात् मैं यह अनुभव करता हूँ कि परोपकारिता का विचार सदा मन में रहने, बुद्धिमत्ता की सहायता से और शून्यता पर कुछ विश्लेषणात्मक चिंतन से—तुलनात्मक रूप से—कुछ परिवर्तन और उन्नति हुई है। एक लघुत्तम आध्यात्मिक विकास भी प्रगति है और मैं समझता हूँ कि मानसिक शांति बनाए रखने के लिए यह अत्यंत लाभदायक है। इसका स्वास्थ्य पर सकारात्मक प्रभाव पड़ता है। अतः किसी भी मात्रा (सीमा) में मानसिक विकास होना उपयोगी है।

एक धर्म उत्सव केवल एक सामाजिक सम्मेलन नहीं है। यह हमें याद दिलाता है कि मानव जीवन में आध्यात्मिकता महत्त्वपूर्ण है। 'संस्कृत' शब्द 'धर्म' का एक व्यापक अर्थ है। धर्म-उत्सव के मामले में धर्म का अर्थ है—बौद्ध धर्म। हमारी भावनाओं के रूपांतरण का एक प्रभावी उपाय विकसित करने के उद्देश्य से मानवीय बुद्धि के उपयोग को उच्चतम सीमा तक बढ़ाना बौद्ध धर्म की मूलभूत विशेषता है। बौद्ध धर्म का यह अनूठा दर्शन है।

सभी प्रमुख धर्म हमारी भावनाओं के रूपांतरण का लक्ष्य रखते हैं, क्योंकि यह हमारे जीवन का निर्णायक घटक है। नकारात्मक और कष्टप्रद अनुभव हमारी भावनाओं पर प्रभाव डालते हैं। रूपांतरण का अर्थ है—सकारात्मक भावनाओं का संरक्षण या कुछ मामलों में सकारात्मक भावनाओं

को शक्तिशाली बनाना और नकारात्मक भावनाओं को क्षीण करना। जैसा कि मैंने पहले कहा, मैं सोचता हूँ कि सभी प्रमुख धार्मिक परंपराएँ भावनाओं के रूपांतरण पर बल देती हैं। परंतु ऐसा करने की उनकी पद्धतियाँ समान नहीं हैं। कई परंपराओं में भावनाओं का रूपांतरण मुख्यत: विश्वास से आता है, जो शक्तिशाली और महत्त्वपूर्ण है।

ईश्वर या अल्लाह, भगवान् कृष्ण या शिव या ईसा मसीह में दृढ़ विश्वास निश्चित रूप से किसी व्यक्ति की भावनाओं पर प्रभाव डालता है। अंतत: उन सभी महान् आत्माओं का संदेश मूल रूप में वही है—प्रेम, संवेदना, क्षमा, सहनशीलता, अनुशासन और संतोष। ये इन सभी परंपराओं के मूल में हैं। परंतु बुद्धवादी परंपरा में हम न केवल बुद्ध में विश्वास रखते हैं बल्कि हमें उनके विचारों का अन्वेषण भी करना होता है। हम ऐसा कैसे करते हैं? बुद्ध, ऐतिहासिक बुद्ध अब नहीं हैं। सत्य को जानने का एक ही मार्ग है, उनकी शिक्षाओं का परीक्षण और उनके पक्के अनुयायियों से पूछताछ। यदि हम उनके विचारों और आचरण का गहन अन्वेषण करें तो अंत में जान सकते हैं कि बुद्ध की शिक्षाओं का कितना प्रभाव होता है। साथ ही, उन शिक्षाओं को समझने और उन्हें जीवन में उतारने से हम अंतत: एक प्रकार की प्रतिबद्धता विकसित कर सकते हैं। यह प्रतिबद्धता केवल विश्वास से नहीं आती, बल्कि अपनी बुद्धि का प्रयोग करते हुए हमारे अन्वेषणों से आती है।

बुद्धिमानी केवल ज्ञान नहीं है; यह ज्ञान पहले सुनने से, दूसरे तर्क द्वारा उसके विश्लेषण से और फिर उसे अपने जीवन के अनुभवों से जोड़ने से मिलता है। अंत में दृढ़ प्रतिबद्धता आती है। परोपकारिता सभी परंपराओं में पाई जाती है, परंतु परोपकारिता और बुद्धिमत्ता या बुद्धि का समुच्चय बौद्ध धर्म की एक अनूठी अवधारणा है। मैं जब कहता हूँ अनूठा, तो मेरा यह तात्पर्य नहीं है कि बौद्ध धर्म सर्वश्रेष्ठ है। कौन सा धर्म सर्वश्रेष्ठ है, इस प्रश्न का उत्तर देना कठिन है। यह भोजन के समान है। हम यह नहीं कह सकते कि किसी विशेष प्रकार का भोजन सर्वोत्तम है। भोजन मनुष्य की विभिन्न शारीरिक स्थितियों और उसका आनंद लेनेवाले व्यक्तियों की रुचि से संबंधित

है। कुछ लोगों के लिए भारतीय मसाले बहुत गरम और तेज होते हैं तो कुछ के लिए वे स्वादिष्ट हैं। कौन सी वस्तु सर्वोत्तम है, इसका निर्णय व्यक्ति की विशिष्ट परिस्थितियों को ध्यान में रखकर किया जाता है। इसी प्रकार, मैं समझता हूँ, किसी धर्म के सर्वश्रेष्ठ होने का आग्रह प्रत्येक साधक को प्राप्त होनेवाली सफलता या सिद्धि पर आधारित होना चाहिए।

जहाँ तक धार्मिक पक्ष का प्रश्न है, मेरा विश्वास है कि सभी परंपराएँ न्यूनाधिक रूप से एक जैसी हैं। वे सभी मनुष्य के सुख और अच्छाई से सरोकार रखती हैं। सभी धार्मिक शिक्षाएँ मनुष्य के सकारात्मक मूल्यों के प्रचार और सशक्तीकरण का प्रयास करती हैं। सभी परंपराओं में मूल रूप से यह पहलू समान है। तथापि, इन परंपराओं की दार्शनिक विचारधाराएँ इनका एक और महत्त्वपूर्ण पक्ष हैं। यहाँ हम इनमें भारी अंतर पाते हैं। बौद्ध धर्म, विशेष रूप से नालंदा परंपरा, अति परिष्कृत और सूक्ष्म है। मैं समझता हूँ, जहाँ तक दार्शनिक पृष्ठभूमि का प्रश्न है, बौद्ध धर्म बहुत संपन्न है। बौद्ध धर्म के अंतर्गत पाली और संस्कृत परंपराएँ दार्शनिक रूप से सर्वाधिक परिष्कृत हैं।

मैं अनुभव करता हूँ कि नालंदा परंपरा के माध्यम से तिब्बती बौद्ध धर्म का परिचय कराना सर्वोत्तम होगा, क्योंकि सभी प्रमुख मूलपाठ ज्ञात हैं। उदाहरण के लिए, छह या सात वर्ष की आयु से, मैंने बहुत अनिच्छा से इन पाठों को कंठस्थ करना आरंभ किया। जब हम नागार्जुन, आर्य असंग, चंद्रकीर्ति आदि नालंदा के धुरंधरों द्वारा लिखे गए सभी प्रमुख पाठों का, जिनमें बौद्ध धर्म की विस्तार से व्याख्या की गई है, उनकी संपूर्णता में अध्ययन करते हैं तो हम देख सकते हैं कि बौद्ध धर्म के दार्शनिक पक्ष को प्रस्तुत करने में नालंदा परंपरा ने महान् योगदान दिया है। आनुष्ठानिक पक्ष, जिसमें तिब्बती झाँझ-मजीरा और विशाल तुरही बजाते हैं, नालंदा से नहीं आया है। मैं समझता हूँ कि इनमें से कुछ आनुष्ठानिक एवं औपचारिक वाद्य अफगानिस्तान और चीन से आए हैं।

अपनी बात पर वापस लौटें···वह है कि हम अपनी मानवीय बुद्धि के अधिकतम उपयोग और संवेदना के माध्यम से प्रतिबद्धता विकसित कर

सकते हैं। प्रतिबद्धता से उत्साह उपजता है और उत्साह से कड़ा परिश्रम उत्पन्न होता है। हम सत्कर्मों के आदी बन जाते हैं और हमारे भावनात्मक जगत् पर इसका बड़ा प्रभाव पड़ता है। वही बुद्धिवादी मार्ग है। जब लोग सरलतम मार्ग या सर्वश्रेष्ठ मार्ग के बारे में प्रश्न करते हैं तो उनका उत्तर देने में मुझे कठिनाई होती है। मैं सोचता हूँ कि प्राय: कोई व्यक्ति सरलतम मार्ग के बारे में आलस्य या साहस की कमी के कारण पूछता है। उदाहरणार्थ, यदि आप खाना बना रहे हों तब ये प्रश्न ठीक हैं। तब आप सरलतम या कदाचित् सबसे सस्ते मार्ग के बारे में पूछ सकते हैं। परंतु जहाँ तक हमारी भावनाओं के रूपांतरण का संबंध है, ये प्रश्न अप्रासंगिक हैं। बुद्ध शाक्य मुनि, हमारे शिक्षक को देखिए। इसका स्पष्ट वर्णन है कि उन्होंने प्रबोधन की स्थिति प्राप्त करने के लिए तीन युगों तक साधना की। और हमारे नालंदा के धुरंधर—तिलोपा और नरोपा जैसे सिद्ध तथा मिलरेपा और सोंगखापा जैसे तिब्बती धुरंधरों ने अपनी भावनाओं के रूपांतरण के लिए असंख्य कठिनाइयाँ सहन करते हुए सुदूर स्थानों में वर्षों बिताए।

जिन मानवीय भावनाओं को हम आज अनुभव करते हैं और जिन्हें रूपांतरित करना चाहते हैं, वे वही हैं जो लगभग २००० या ३००० वर्ष पूर्व होती थीं। यदि हम आज की भावनाओं की तुलना कुछ लाख वर्षों पूर्व की भावनाओं से करें तो हमारी बुद्धि के विकास के कारण उनमें कुछ अंतर दिखाई देगा। भविष्य में, यदि हम कुछ लाख वर्ष और इस पृथ्वी पर रहें तो कदाचित् हमारी भावनाएँ भिन्न होंगी। यदि हम अपनी बुद्धि का उपयोग करें तथा नागार्जुन और शांतिदेव जैसे विचारकों का अनुसरण करें तो अपनी मन:स्थिति और भावनाएँ बदल सकते हैं। यदि एक परोपकारी चित्त का विकास करना हो तो मैं समझता हूँ कि शांतिदेव की पुस्तक सर्वोत्तम है। परम सत्य को समझने के लिए नागार्जुन की 'माध्यमिक मूलकारिका' सर्वोत्तम में से एक है और वैसी ही चंद्रकीर्ति की 'माध्यमिकावतार' है।

सामान्य रूप से यह कहा जा सकता है कि आज के विश्व में एक-दूसरे की स्वीकार्यता बढ़ रही है। एक ऐसे व्यक्ति के रूप में, जो धार्मिक और आध्यात्मिक मूल्यों में विश्वास करता हो, मैं सोचता हूँ, समरसता और

एकता आवश्यक है। ये मूल्य तभी स्थापित होंगे जब हम एक-दूसरे का आदर करेंगे। सच्चा आदर तभी आएगा जब परस्पर संपर्क बढ़े और हम एक-दूसरे के मूल्यों को समझें। हमें एक-दूसरे के लिए प्रशंसा और गुण-ग्राहकता विकसित करनी चाहिए। सभी धार्मिक परंपराओं ने कई शताब्दियों से मानवीय मूल्यों और मानसिक शांति के विकास के लिए अपरिमित योगदान दिया है। उन्होंने करोड़ों लोगों को आशा और प्रेरणा प्रदान की है और हमारा आदर पाने के लिए यह पर्याप्त है।

तथापि, जैसा मैंने पहले उल्लेख किया है, हम विभिन्न धर्मों के लोगों में अब भी समस्याएँ देखते हैं। अमेरिका और इस देश में भी पिछले दो वर्षों में हुई दुःखद घटनाएँ दरशाती हैं कि हमें नई चुनौतियों का सामना करने के लिए सतत प्रयास करने होंगे। हमारे विश्व में क्या होता है, इसके लिए किसी एक व्यक्ति को दोष नहीं दे सकते। मैं सोचता हूँ, हमें संपूर्ण मानव समाज को दोषी ठहराना चाहिए। समाज ही हमारे नेता और राजनीतिज्ञ उत्पन्न करता है, और यदि हम एक अधिक संवेदनशील एवं स्नेहपूर्ण समाज चाहते हैं तो हमें अधिक शांत स्वभाव के व्यक्तियों की आवश्यकता होगी। ऐसे समाज से निकले हुए नेता, राजनीतिज्ञ और व्यवसायी एक बेहतर विश्व की आशा का संचार करेंगे। हमारा दीर्घकालिक उत्तरदायित्व—प्रत्येक का उत्तरदायित्व, चाहे वे धर्म में विश्वास रखते हों या नहीं—एक शांतिपूर्ण और संवेदनशील समाज की रचना करें।

मैं सोचता हूँ, एक मार्ग अति सुगम है। प्रत्येक व्यक्ति अपने परिवार में शांति और संवेदना का व्यवहार सुनिश्चित करे। ऐसे दस या सौ शांतिपूर्ण व संवेदनशील घरों को एक साथ रखो, यह एक समुदाय बन जाता है। ऐसे समाज में बच्चे अपने परिवार से और शालाओं में शिक्षकों से स्नेह पाएँगे। हमें एक या दो मामलों में असफलता हाथ लगेगी, परंतु सामान्यतः मैं सोचता हूँ कि हम एक समझदार समाज विकसित कर सकते हैं। समझदार का यहाँ अर्थ है—समुदाय की समझ, उत्तरदायित्व की समझ और वचनबद्धता की समझ।

अब···समचित्तता के बारे में। हमारे मन में मुख्यतः कष्टदायी भावनाएँ

हैं। जैसे घृणा और आसक्ति अशांत कर देती हैं। ऐसी भावनाओं को क्षीण या कम करने के लिए एक ओषधि है समचित्तता की साधना। यहाँ हम समचित्तता की बात अनुभूति–रहित या उदासीन होने के अर्थ में नहीं कर रहे हैं। हमारा तात्पर्य सकारात्मक और नकारात्मक दोनों प्रकार के अनुभवों की सूक्ष्मग्राहिता और सही व गलत की पहचान से है। व्यक्ति को ऐसा जीवन मार्ग अपनाना चाहिए, जिसमें वह सकारात्मक मूल्यों से प्रेम और नकारात्मक मूल्यों का त्याग करता है। हम समचित्तता की बात आसक्ति और घृणा को क्षीण करने के अर्थ में कर रहे हैं।

मैं समझता हूँ कि समचित्तता का व्यवहार धार्मिक दृष्टिकोणवाला व्यक्ति भी कर सकता है और वह भी, जो किसी विशेष धार्मिक परंपरा से संबद्ध न हो। यह प्रेम और संवेदना जैसे सद्‌गुण विकसित करने के समान ही है। इन्हें किसी विशेष धार्मिक परंपरा के विवेचन और समझ के आधार पर या बिना किसी धार्मिक आधार के भी विकसित किया जा सकता है। एक साधक व्यक्तिगत रूप से यह सोचकर कि ऐसे आचरण से वह प्रबोधन प्राप्त कर सकेगा, क्योंकि बुद्ध ने इस मार्ग की शिक्षा दी है, प्रेमपूर्ण करुणा और संवेदना विकसित कर सकता है। दूसरी ओर, कोई व्यक्ति इन सद्‌गुणों का विकास यह सोचकर भी कर सकता है कि प्रेम और संवेदना के विकास से मानसिक शांति, शारीरिक स्वास्थ्य और परिवार में समरसता व शांति आएगी। इस प्रकार की तर्कणा किसी धार्मिक परंपरा पर आधारित नहीं है।

समचित्तता को विकसित करने में व्यक्ति को यह समझने की आवश्यकता है कि घृणा और आसक्ति जैसी नकारात्मक भावनाएँ अनुचित व अस्वस्थ हैं, क्योंकि वे पक्षपाती और अपूर्ण हैं। जब किसी का मन पक्षपाती हो तो वह सच्चाई नहीं देख पाएगा और न वस्तुनिष्ठ हो सकेगा। इस प्रकार की समझ से व्यक्ति समचित्तता का विकास कर सकता है। कई समस्याएँ, जिनका हम सामना करते हैं और कठिनाइयाँ जो हमारे सामने आती हैं, सच्चाई देख पाने की असमर्थता से आती हैं। एक पक्षपाती मनोवृत्ति सच्चाई को जानने में बहुत बड़ी बाधा है। उदाहरण के लिए, सच्चाई यह है कि घटनाएँ विविध कारणों और घटकों पर निर्भर होती हैं; घटनाएँ परस्पर संबद्ध, परस्पर निर्भर

और परस्पर संबंधित होती है। जब हम इस सच्चाई को देखने में असमर्थ होते हैं तब समस्याएँ खड़ी होती हैं, क्योंकि हमारी प्रवृत्ति केवल एक घटक को चुनने की होती है—चाहे वे प्रसन्नता के अनुभव हों या समस्याओं और कठिनाइयों के और फिर एक जटिल परिस्थिति की व्याख्या के लिए हम उस एक घटक का उपयोग करते हैं। हम कई घटकों में से केवल एक को केंद्रित करते हैं और उस विशिष्ट कारण या घटक पर ही संकेंद्रण करते हैं। इसी कारण अपने सामने खड़ी समस्याओं का समाधान करने में हम असमर्थ रहते हैं। वास्तव में, कठिनाइयों को सुलझाने के बजाय कभी-कभी हम उनकी संख्या में वृद्धि कर देते हैं।

किसी विशिष्ट समस्या से निपटने के लिए हमें एक स्थिति की सच्चाई को समझने के लिए स्वयं को मानसिक रूप से तैयार करना होगा, जिससे हम तथ्यों को तटस्थ होकर देख सकें। मन की पक्षधरता और पूर्वग्रह किसी स्थिति की यथार्थता को समझने में आनेवाली बाधाओं का एक प्रमुख घटक है। आप देख सकते हैं कि समचित्तता का आचरण क्यों इतना महत्त्वपूर्ण है। इसके अतिरिक्त किसी कठिन स्थिति से निपटने के लिए सहज बुद्धि आवश्यक होती है। जब जटिल स्थितियों से हमारा सामना होता है और हमें उनमें निहित समस्याओं का समाधान खोजना होता है तो उस स्थिति को एक संकुचित दृष्टि से देखने के बजाय हमें उसकी संपूर्णता में देखना चाहिए। विशेष रूप से आज के विश्व में, इस प्रकार की संपूर्णता में देखने की वृत्ति महत्त्वपूर्ण है। यदि आप केवल अपने परिवार के हितों का ध्यान रखते हैं और दूसरों को भूल जाते हैं, या यदि आप अपने राष्ट्र के हितों पर संकेंद्रित करते हैं और अन्य सभी राष्ट्रों को भूल जाते हैं तो एक स्थायी शांति और सुख की प्राप्ति असंभव होगी। यदि आप कष्टदायी भावनाओं को अपने मन पर नियंत्रण करने देते हैं, आपका मन पक्षपाती और पूर्वग्रही बन जाएगा। वह असंतुलित और एकपक्षीय हो जाएगा। तब आप एक संपूर्णतावादी दृष्टिकोण विकसित नहीं कर पाएँगे।

जो लोग धार्मिक परंपराओं को स्वीकार करते हैं उनके दो वर्ग होते हैं। एक (सत्ता के) रचयिता के विश्वास पर केंद्रित होता है; दूसरा बौद्ध, जैन

और सांख्य परंपरा का एक भाग इसमें सम्मिलित है—सत्ता के स्वयंभू होने पर केंद्रित करता है। ऐसे व्यक्ति के लिए, जो रचयिता, ईश्वर में विश्वास रखता हो, समचित्तता की समझ विकसित करने का पूर्ण अवसर है। जब कोई समझता है कि हर वस्तु ईश्वर की बनाई हुई है तो वह सभी प्राणियों को उसी परम स्रोत से जनमा मानते हैं। समचित्तता के विकास के लिए यह दृष्टिकोण विशेष रूप से उपयोगी है जब हमारा सामना एक कथित उत्पाती, एक शत्रु से होता है। साधारणतया हम एक व्यक्ति या एक समूह को 'शत्रु' घोषित कर देते हैं, जब किन्हीं विशेष परिस्थितियों में वे हमारे लिए समस्याएँ खड़ी कर देते हैं। परंतु यदि हम उसी व्यक्ति (शत्रु) को एक विस्तृत दृष्टिकोण से देखें और यह अनुभव करें कि वह मानव समाज का ही एक भाग है, ईश्वर की रचना का एक भाग है तो हमारी नकारात्मक भावनाएँ क्षीण हो जाएँगी। समचित्तता के विकास में यह दृष्टि सहायक हो सकती है।

कभी-कभी मैं सोचता हूँ कि मेरे सहित, हम धार्मिक लोग, उन अवधारणाओं को ले लेते हैं जो हमें अनुकूल लगती हैं, आज जो अवधारणाएँ हमें सुविधाजनक नहीं लगतीं उन्हें भूल जाते हैं। जो लोग एक रचयिता—ईश्वर—में विश्वास रखते हैं, मैं उनसे सभी मनुष्यों को लेकर समचित्त होने पर अधिक बल देने के लिए कहता हूँ। अन्य आकाशगंगाओं को भूल जाइए और इस पृथ्वी पर, इस ग्रह पर ध्यान केंद्रित कीजिए। यदि सभी ऐहिक चीजें ईश्वर ने बनाई हैं तो भेदभाव के लिए कोई स्थान नहीं है। मनुष्य के रंग, सामाजिक पृष्ठभूमि या विशेष रूप से इस देश में, जाति के आधार पर कोई भेदभाव नहीं होना चाहिए।

प्राचीन भारतीय चिंतन के अनुसार, समचित्तता के आचरण में कर्म के सिद्धांत की भूमिका आवश्यक है और बुद्धवाद इस दृष्टिकोण से सहमति रखता है। यहाँ समचित्तता का अर्थ किसी एक वस्तु से अत्यधिक आसक्ति न होने और साथ ही किसी और वस्तु के लिए घृणा का भाव भी न होने से है। प्राचीन भारतीय चिंतन में इस प्रकार की समचित्तता का विकास कर्म की अवधारणा पर आधारित है। इस अवधारणा का निहितार्थ है कि हम आज जो कुछ भी हैं, हमारे सकारात्मक और नकारात्मक विचार एवं हमारी अभिव्यक्तियों

के विभिन्न पहलू, हमने भूतकाल में जो किया है, उसी के परिणाम हैं। यदि एक बार हम ऐसी समझ विकसित कर लेते हैं, चाहे वे अप्रीतिकर ही हों, तो दूसरों के प्रति हमारा व्यवहार उतना ही सुगम होगा। हमें यह बोध रहेगा कि सामनेवाला व्यक्ति जो कुछ भी अभिव्यक्त कर रहा है, वह उसके कर्मों का फल है। हम उस व्यक्ति को दोष देने के स्थान पर उसके बुरे कर्मों को दोषी मानते हैं। इस प्रकार, समचित्तता का विकास करने में हम समर्थ हो जाते हैं। इसके अतिरिक्त, पूर्व जीवन और भावी जीवन में प्राचीन भारतीय विश्वास इस जीवन के तथाकथित शत्रुओं से निपटने में सहायक होता है। यह सोचने के बजाय कि वह व्यक्ति हमारे लिए समस्याएँ खड़ी कर रहा है, हम इस बात पर अपनी सोच केंद्रित कर सकते हैं कि हो सकता है, पिछले जन्मों में यह व्यक्ति हमारा परम मित्र या निकट संबंधी रहा हो। तब उसे शत्रु घोषित करना सरल नहीं होगा।

बौद्ध धर्म, विशेष रूप से महायान परंपरा या संस्कृत परंपरा, में सभी सचेतन प्राणी बुद्ध स्वभाव के होते हैं। इसलिए जब हम अन्य लोगों से व्यवहार करने में समस्या का सामना करते हैं तो हमें स्मरण होता है कि हमारे समान ही वे भी सचेतन प्राणी हैं और बुद्ध स्वभाव रखते हैं। प्रत्येक व्यक्ति का परम स्वभाव पवित्र है। यह विश्वास हमारे मन को शांत कर देगा और नकारात्मक भावनाएँ कम हो जाएँगी।

आप अपने जीवन में सुख—अधिकतम सुख, सर्वोत्तम प्रकार के सुख चाहते हैं, इस भावना का विकास समचित्तता प्राप्त करने का एक शक्तिशाली उपाय है। आप दुःख नहीं चाहते और एक लघुत्तम समस्या या दुःख की लघुत्तम मात्रा भी झेलना नहीं चाहते। सुख और दुःख के बारे में आप में जो जन्मजात इच्छा है, वही इच्छा सभी में है। आप में यह समझने की सामर्थ्य होनी चाहिए कि सभी में इसी प्रकार की इच्छाएँ विद्यमान हैं।

बुद्धवादी आचरण में, जब हम समचित्तता विकसित करने की बात करते हैं, हम दो स्तरों की ओर संकेत करते हैं। पहले स्तर पर हम यह समझते हैं कि हमें लोगों के एक समूह से विशेष आसक्ति और दूसरे से घृणा नहीं करनी चाहिए। इसके स्थान पर हम एक समत्व विकसित करते हैं। कुछ

उदाहरण, इस स्तर पर समचित्तता अर्थात् ऐसी स्थिति में पहुँचना जहाँ आपको किसी एक समूह से कोई विशेष लगाव हो तथा दूसरे से घृणा का भाव नहीं होता, विकसित करने की प्रक्रिया स्पष्ट करते हैं। ये उदाहरण यह भी दरशाते हैं कि सभी घटनाएँ परस्पर संबद्ध होती हैं, कि कष्टदायी भावनाओं से प्रत्येक व्यक्ति प्रभावित होता है—और यह कि कर्मफल का सिद्धांत सभी के दुःख का कारण है।

दूसरे स्तर की समचित्तता—किसी से दूरी या निकटता अनुभव किए बिना सभी को लाभ पहुँचाने की आकांक्षा विकसित करने के संबंध में हम विचार करते हैं कि प्रत्येक व्यक्ति हमारे ही समान सुख चाहता है और दुःख नहीं चाहता। हम यह याद करने का प्रयास करते हैं कि हम सभी एक ही स्वभाव के हैं और एक जैसी इच्छाएँ एवं लालसाएँ रखते हैं। अन्य सचेतन प्राणियों की सहायता और लाभ पहुँचाने के लिए हम उन्हें अलग नहीं करते। हम उनमें भेद नहीं करते। उनसे दूरी या निकटता अनुभव किए बिना हम एक शक्तिशाली मन विकसित कर सकते हैं जो बिना किसी भेदभाव के सभी को लाभ पहुँचाना चाहता है। हम एक स्वानुरागी मनोवृत्ति के विनाशकारी परिणामों तथा परोपकारिता और अन्य सचेतन प्राणियों के कल्याण के सकारात्मक परिणामों पर विचार करके समचित्तता के आचरण को सशक्त बना सकते हैं। स्वानुरागी मनोवृत्ति को कम करने और परोपकारिता विकसित करने के लिए व्यक्ति को शांतिदेव की 'बोधिचर्यावतार' पुस्तक पढ़नी चाहिए। यहाँ हमें ये अभ्यास क्यों करने चाहिए तथा इन्हें कैसे विकसित किया जाए, इस पर बहुत से उदाहरण मिल जाएँगे। यदि हम 'बोधिचर्यावतार' की शिक्षाओं और आज के विश्व की समस्याओं एवं संघर्षों का अध्ययन और उनपर चिंतन करें तो हम परोपकारिता के लाभ व स्वानुराग की हानि को सुगमता से समझ सकेंगे।

रिक्तता पर चिंतन समचित्तता के विकास के लिए उपयोगी है। चिंतन किस प्रकार इसमें सहायक होता है, यह समझने के लिए कष्टदायी भावनाएँ हमें कैसे हानि पहुँचाती हैं, इस पर विचार कीजिए। उदाहरणार्थ, क्रोध और घृणा के विनाशकारी परिणामों पर सोचिए। जब हम क्रोध और घृणा विकसित कर लेते हैं तो यह न केवल दूसरों की मानसिक शांति नष्ट कर देते हैं,

बल्कि हमें भी अत्यधिक हानि पहुँचाते हैं। घृणा और क्रोध प्राय: आक्रामक रूप ले लेते हैं और हिंसा के रूप में प्रकट होते हैं। तथापि जब हम आसक्ति जैसी अन्य कष्टदायी भावनाओं पर विचार करते हैं तो वे मृदु प्रतीत होती हैं और मित्रवत् दिखाई देती हैं। परंतु ये भी बहुत विनाशकारी हैं।

जब हम आसक्ति विकसित कर लेते हैं तो वह अधिकारात्मक हो सकती है; उदाहरणार्थ, यह वस्तु मेरी है, वह पुरुष मेरा है और वह आप स्वयं भी हो सकते हैं, 'मैं' जो आप समझते हैं, आप हैं। 'मैं' के प्रति आसक्ति इसलिए होती है कि आप स्वयं को स्वतंत्र अस्तित्ववाले शरीर के रूप में देखते हैं। अपने ठोसपन से इस पक्की संलग्नता से अन्य आसक्तियाँ विकसित होती हैं। इसी प्रकार जब आप घृणा का विकास करते हैं तो आपकी घृणा का पात्र भी कुछ ठोस और स्वतंत्र होता है। उदाहरणार्थ, हम कहें कि आप श्री गुप्ता से क्रुद्ध हैं। यदि आप श्री गुप्ता से क्रुद्ध हैं तथा उन्हें मूर्ख समझते हैं, ठीक उसी समय आप उन्हें एक पात्र के रूप में देख रहे हैं तो आप श्री गुप्ता को एक स्वतंत्र और ठोस अस्तित्व के रूप में देख रहे हैं। परंतु यदि आप रुकें और पूछें कि ये श्री गुप्ता कहाँ हैं? वे कौन हैं? श्री गुप्ता उनका मन है या उनका शरीर? यदि आप थोड़ा सा विश्लेषण करें तो आप देखेंगे कि उन्हें विनिर्देश करना असंभव है। फिर जो आपके विचार से एक सशरीर अस्तित्व था, उसकी पहचान करने में जब आप असमर्थ हो जाते हैं तब उसको लेकर आपकी मजबूत पकड़ शिथिल होने लगती है। इसी प्रकार जब आप किसी विशेष व्यक्ति से अत्यधिक प्रेम करते हैं और ठहरकर वही प्रश्न पूछें तो आप एक सशरीर अस्तित्ववान् व्यक्ति को विनिर्दिष्ट कर पाने में स्वयं को असमर्थ पाएँगे। फिर से आपकी मजबूत पकड़ शिथिल हो जाएगी? यदि आप 'मैं' के प्रति अपनी असीम आसक्ति का इसी प्रकार विश्लेषण करें तो यही सच्चाई सामने आएगी। यदि आप थोड़ा ठहरकर पूछें, यह 'मैं' कहाँ है? यह 'मुझे' कहाँ है, जिसके प्रति मुझे इतना लगाव है?'

आप उसको नहीं खोज पाएँगे। इससे आपको अचरज होगा कि आपने उस वस्तु से इसकी गहरी आसक्ति कैसे विकसित कर ली, जिसकी आप पहचान भी नहीं कर सकते। इस प्रकार अपनी अस्मिताविहीनता को देखकर

आप घृणा और आसक्ति जैसी कष्टदायी भावनाओं की तीव्रता को कम कर सकते हैं। जब हम अस्मिताविहीन होने की बात करते हैं तो इसका अर्थ 'स्व' के न होने से नहीं है। अपितु इसका अर्थ है कि ऐसा कोई 'स्व' नहीं है, जिसका अपना स्वतंत्र स्वभाव हो।

स्वानुराग को कम करने हेतु एक ओषधि विकसित करने के संबंध में हमें विभिन्न बौद्ध प्रणालियों में दिए गए अस्मिताविहीनता के विभिन्न अर्थों को देखना होगा। बुद्धवादी चिंतन में हम सभी घटनाओं की अस्मिताविहीनता के अर्थ पर विचार करने की बात करते हैं। यहाँ हम अस्मिताविहीनता की बात एक व्यक्ति के अंतर्निहित अस्तित्व होने के अर्थ में नहीं कर रहे हैं। हम व्यक्ति द्वारा वस्तु के उपयोग और उससे मिलनेवाले आनंद के संदर्भ में बात कर रहे हैं। चाहे वह आनंददायक वस्तु हो या उस वस्तु का आनंद लेनेवाला व्यक्ति, सच्चाई एक ही है। कोई स्वतंत्र अस्तित्व नहीं है। अस्मिताविहीनता पर यह दृष्टिकोण चित्तमात्र मत द्वारा दिया गया है। इस मत के अनुसार बाह्य रूप में कोई वस्तु अस्तित्व में नहीं है। हर वस्तु चित्त की रचना है; हर वस्तु चित्त में है। आप किसी वस्तु का अनुभव नहीं कर सकते, यदि वह चित्त से तत्त्वत: पृथक् है।

एक इंद्रिय ग्राह्य चेतना—हमारी दृष्टि का उदाहरण लें। जब आँख की इंद्रिय ग्राह्य चेतना किसी विशिष्ट वस्तु जैसे फूल पर संकेंद्रित होती है तो चित्तमात्र मत के अनुसार वह वस्तु हमें ठोस एवं स्वतंत्र अस्तित्ववान् दिखाई देती है, चाहे चित्त की भूमिका हो या न हो। वे कहते हैं कि जब कोई विशिष्ट इंद्रिय ग्राह्य चेतना, जैसे आँख, जब किसी वस्तु को देखती है तो तीन दृश्य या (दृश्य) बोध के तीन प्रकार होते हैं। पहला है, फूल को फूल के रूप में देखना। दूसरा है, फूल को भाषा के आधार पर देखना; फूल के नाम को आधार बनाकर देखना। तीसरा है, फूल को इस रूप में देखना जैसे उसका अपना (द्रष्टा से पृथक्) कोई अंतर्निहित अस्तित्व हो। यहाँ आप उस फूल को न केवल एक वस्तु या उसके नाम को सार्थक बनानेवाली वस्तु के रूप में देखते हैं, बल्कि एक अंतनिर्हित अस्तित्ववान् वस्तु के रूप में भी देखते हैं। जब चित्तमात्र मत बोध के इन तीन स्तरों की व्याख्या करते हैं तो वे कहते हैं कि बोध के ये तीन

स्तर तीन प्रकार की छाप के गति ग्रहण करने से जन्म लेते हैं। उदाहरणार्थ, फूल को फूल के रूप में ही देखने को लेकर वे कहते हैं कि सुसंगत छाप, एक सदृश छाप, के कारण ही आप फूल को फूल के रूप में देख पाते हैं।

चित्तमात्र मत के अनुसार बाह्य अस्तित्ववाली कोई वस्तु नहीं होती; मन के लिए सभी वस्तुएँ तत्त्वतः एक समान हैं। तथापि जब हम इसे एक लक्ष्य जैसे फूल से जोड़ते हैं, तब उसे तीन भिन्न प्रकार से देख सकते हैं। और जब हम उस फूल को एक स्वतंत्र सत्तावान् वस्तु समझ लेते हैं तो यह भ्रांतिपूर्ण है। यदि आप इस भ्रांत समझ को सही ठहराने का प्रयास करें तो यह कहकर ऐसा कर सकते हैं कि एक इंद्रिय ग्राह्य चेतना से वह फूल तत्त्वतः पृथक् है, क्योंकि आप उस फूल को इस चेतना के परे भी देख सकते हैं। इस पर चित्तमात्र मत कहता है कि आपका फूल को मन से तत्त्वतः पृथक् देख पाना आपके मन पर पड़ी भ्रांत छाप पूर्व जन्मों में स्वानुराग से जनमी और छोड़ी गई छापों के बोध से संभव हुआ है। इस प्रकार, वे यह निष्कर्ष निकालते हैं कि बाह्य सत्तावान् कोई वस्तु नहीं होती। फूल और वह बोधकर्ता मन तत्त्वतः एक ही हैं।

अब हम माध्यमिक मत पर विचार करेंगे। वे चित्तमात्र मत को यह कहकर चुनौती देते हैं—हाँ, सभी वस्तुओं को तत्त्वतः मन के सदृश देखने की आपकी दृष्टि आसक्ति के विकास को कम करने में सहायक होगी और बाह्य वस्तुओं का आकर्षण भी कम करेगी; परंतु स्वयं चित्त का क्या होगा? स्वयं चित्त की ओर उन्मुख आसक्ति और घृणा को आप कैसे कम करेंगे? माध्यमिक मत का मानना है कि बाह्य वस्तु और आंतरिक चित्त समान हैं—दोनों में से किसी का भी अंतर्निहित अस्तित्व नहीं है। यदि वस्तुओं का स्वतंत्र अस्तित्व होता तो उनके दृश्य और सच्चाई में कोई असमानता या अंतर नहीं होता। तथापि हमें अपने जीवन में दृश्य और सच्चाई के बीच असंख्य विषमताओं का अनुभव होता है। इस प्रकार, चित्त और वस्तु में कोई भेद नहीं किया जा सकता। माध्यमिक मत द्वारा अस्मिताविहीनता को इस तरह प्रस्तुत किया जाता है। अस्मिताविहीनता की यह समझ विकसित करने से आप इस तथ्य को पहचान सकेंगे कि चूँकि कोई वस्तु नहीं है और न कोई

आत्मनिष्ठ मन है, जिन्हें चिह्नित किया जा सके, इसलिए आसक्ति विकसित करने का कोई आधार ही नहीं है।

बुद्ध ने, जिन्हें 'चार बौद्ध प्रवर्तन' या 'चार बौद्ध मुहरें' कहा जाता है, उनकी शिक्षा दी—सभी सकारण घटनाएँ अस्थायी होती हैं; सभी प्रदूषित सत्ताएँ दुःखदायी हैं; सभी घटनाएँ अस्मिता-रहित एवं रिक्त होती हैं और निर्वाण या मुक्ति शांति है। इन बौद्ध प्रवर्तनों को समझकर आप समचित्तता के विभिन्न चरणों तक पहुँच सकते हैं। उदाहरण के लिए, पहली शिक्षा कि सभी सकारण घटनाएँ अस्थायी होती हैं, को समझने से आपको बोध होता है कि सभी घटनाएँ सकारण होती हैं और वे सभी अस्थायी होती हैं। यह समझने से कि सभी सकारण घटनाएँ समान स्तर की होती हैं, क्योंकि वे अस्थायी हैं, आप समचित्तता का विकास कर सकते हैं। इसी परिप्रेक्ष्य में शांतिदेव के 'बोधिचर्यावतार' में पूछते हैं कि एक अस्थायी वस्तु दूसरी अस्थायी वस्तु से घृणा कैसे कर सकती है! इसी प्रकार दूसरी शिक्षा, जो कहती है कि सभी प्रदूषित सत्ताएँ हैं, दुःखभोग हैं, का अर्थ है कि जिस प्रकार मेरा मन एवं प्रदूषित सत्ताएँ दुःख मेरे स्वभाव का ही एक भाग है, यही बात दूसरे लोगों पर भी लागू होती है। तब मुझे पूछना चाहिए कि मैं अन्य प्राणियों से कैसे घृणा या प्रेम कर सकता हूँ, जबकि हम सभी एक ही हैं।

यह समझ कि सभी घटनाएँ अस्मिता-रहित और रिक्त होती हैं, हमें उसी निष्कर्ष तक ले जाती हैं। जब हम कहते हैं कि निर्वाण शांति है या मुक्ति, पूर्ण शांति की मनोदशा है, हमें बोध है कि प्रत्येक मनुष्य बुद्ध स्वभाव का है और सरलता से समचित्तता का विकास कर सकता है।

इस प्रकार समचित्तता के विकास के लिए हमें पहले ज्ञान प्राप्त करना चाहिए, फिर ज्ञान और अनुभवों के माध्यम से प्रतिबद्धता उत्पन्न करनी चाहिए। साधना करने का यही उपयुक्त मार्ग है। अंत में इसका प्रभाव हमारी भावनाओं पर अनुभव होगा।

क्या एक निर्मल, ज्योतिर्मय चित्त और बुद्ध स्वभाव में कोई अंतर है ?

दोनों एक ही हैं। बुद्ध स्वभाव चित्त का रिक्त स्वभाव हो सकता है; ऐसा होने पर यह एक चेतना नहीं है। वह एक आदि, निर्मल, ज्योतिर्मय चित्त भी हो सकता है, जो तांत्रिक शिक्षाओं से अधिक संबंधित हैं।

क्या विपश्यना चिंतन प्रबोधन का एकमात्र मार्ग है ?

यह इस पर निर्भर करता है कि आप प्रबोधन का क्या अर्थ लेते हैं। एक स्तर पर एक प्रबुद्ध चित्त को हम अधिक परिष्कृत या अधिक बुद्धिमान समझते हैं। परंतु मैं समझता हूँ, प्रबोधन के कई स्तर होते हैं। फिर विपश्यना के कई रूप भी हैं और जहाँ उसके कुछ रूप किसी प्रकार का प्रबोधन प्राप्त करने में सहायक होते हैं, फिर भी निस्संकोच यह कहना कठिन है कि विपश्यना के माध्यम से कोई प्रबोधन प्राप्त कर सकता है। यह एक कठिन प्रश्न है।

बुराई की शक्ति अच्छाई की शक्ति से अधिक क्यों होती है ?

मैं नहीं समझता कि यह सत्य है। बुराई की शक्ति कभी-कभी बहुत शक्तिशाली होती है; परंतु केवल कुछ समय के लिए। दीर्घकाल में मैं नहीं समझता कि वह अच्छाई से अधिक शक्तिशाली होती है।

अहंभाव और आत्मसम्मान मानव स्वभाव में अंतर्निहित दो विरोधी भावनाएँ हैं। एक सामान्य व्यक्ति समचित्तता का उपयोग करके इन दो भावनाओं से किस तरह सकारात्मक मूल्य प्राप्त कर सकता है ?

पहले तो मैं यह नहीं समझता कि अहंभाव और आत्मसम्मान आवश्यक रूप से परस्पर विरोधी शब्द हैं। जब हम बोधिचित्ता या परोपकारिता जैसे सकारात्मक गुणों के विकास के बारे में सोचते हैं तब अनुभव करते हैं कि हमें अहंभाव और आत्मसम्मान के गहरे बोध की आवश्यकता है। मैं समझता हूँ, हम कह सकते हैं कि अहंभाव दो प्रकार का होता है। एक है सकारात्मक—

इसका एक उदाहरण जब आप यह सोचकर अपना अहंभाव विकसित करते हैं कि दुःखी सचेतन प्राणियों को लाभ पहुँचाने के लिए मुझे प्रबोधन करना ही है। मेरी एक प्रिय प्रार्थना है, 'जब तक अंतरिक्ष है, मैं भी रहूँगा।' यहाँ आपको दूसरों के लिए उपयोगी बन पाने के लिए 'मैं' के गहरे बोध, एक सशक्त अहंभाव की आवश्यकता है। परंतु नकारात्मक अहंभाव अत्यधिक आत्मकेंद्रित 'मैं' है। ऐसा अहंभाव दूसरों का शोषण करता है और उन्हें हानि पहुँचाता है।

रचयिता कौन है, रचयिता की रचना किसने की और क्यों?

बुद्धवादियों के लिए यह समस्या है कि रचयिता कैसे घटित हुआ? इसीलिए बुद्धवादी रचयिता को स्वीकार नहीं करते। परंतु निश्चित रूप से जैसा मैंने पहले उल्लेख किया, हम अन्य के लिए इस अवधारणा और उसके महत्त्व का आदर करते हैं।

यदि आप अनुराग विकसित नहीं करेंगे तो आपसी संबंधों में वृद्धि कैसे होगी?

मित्रता और अनुराग दो भिन्न बातें हैं। मेरे एक मित्र चिली निवासी आणविक वैज्ञानिक ने एक बार मुझसे कहा, कि जब आप किसी वैज्ञानिक अध्ययन और विश्लेषण में जुटे होते हैं, आपको अति वस्तुनिष्ठ होना चाहिए। आप विश्लेषण में पूर्णतया डूबे परंतु साथ ही उससे असंपृक्त होने चाहिए। यह यहाँ भी लागू होता है।

विश्व शांति और सहिष्णुता के प्रसार के लिए हम कौन सा सबसे महत्त्वपूर्ण कार्य कर सकते हैं?

मैं सोचता हूँ, विश्व शांति प्राप्त करने में समय लगेगा। इसका आरंभ आधारभूत स्तरों से करना होगा—व्यक्तियों से, परिवारों से, फिर वहाँ से और प्रसार करना होगा।

मूर्खतापूर्ण संवेदना और उदारता में हम भेद कैसे कर सकते हैं?

प्रश्न स्पष्ट नहीं है। मूर्खतापूर्ण संवेदना का अर्थ क्या है?

परम पावन, इसका अर्थ है कि आँखें मूँदकर संवेदनशील बनना सायास नहीं।

तो वास्तव में मूर्खतापूर्ण संवेदना संवेदना ही नहीं है।

विश्व के राजनीतिज्ञों के लिए आपका संदेश क्या है?

सच्चे बनिए, ईमानदार बनिए।

क्या एक साधारण व्यक्ति परिवार की जिम्मेदारियों के साथ निर्वाण या बुद्धत्व प्राप्त कर सकता है?

ओह हाँ, इसका कोई प्रश्न ही नहीं।

हम सच्चा सुख कैसे पा सकते हैं?

बुद्धवादी दृष्टिकोण के अनुसार, शांति का सर्वोच्च रूप सच्चा समापन या निर्वाण है। सच्चे समापन की यह अवस्था एक क्षणिक मानसिक अनुभव नहीं है। यदि आप इसे एक बार पा लेते हैं तो दीर्घकालीन स्थायी शांति और सुख पा सकते हैं।

बुद्धवादी भारत और पश्चिम में तिब्बती आंदोलन की सहायता कैसे कर सकते हैं?

आज चीन में धर्म के प्रति सामान्यत: और विशेष रूप से तिब्बती बौद्ध धर्म में रुचि बढ़ रही है। दीर्घकाल में तिब्बती समस्याओं के लिए यह एक बहुत सकारात्मक घटक है। इसलिए हमें तिब्बती बौद्ध परंपरा वास्तव में क्या है, यह स्पष्ट कर देना चाहिए। यह नालंदा की शुद्ध परंपरा है। कई भारतीय जानते हैं कि नालंदा ज्ञान का एक केंद्र है—बौद्धिक परंपराओं को विकसित करने का स्थान। दुर्भाग्य से तिब्बती बौद्ध धर्म कभी-कभी, मुखौटों और

असंख्य धर्म-विधियों के साथ, उसके सतही रूप में प्रस्तुत किया जाता है। मैं सोचता हूँ, इसमें बौद्ध धर्म को गलत समझने की वास्तविक संभावना छिपी हुई है। यदि हम ठीक से इसकी व्याख्या करें कि तिब्बती परंपरा शुद्ध नालंदा परंपरा का ही सातत्य है तो भ्रांतियाँ नहीं उत्पन्न होंगी।

प्राणियों की सेवा कौन बेहतर तरीके से कर सकता है? एक दसवीं भूमि के बोधिसत्त्व या बुद्ध?

इस प्रश्न में मूर्खता का कुछ अंश है। यदि दसवीं भूमि के एक बोधिसत्त्व क्षमता का वह स्तर रखते हैं कि उनकी तुलना सीधे बुद्ध से की जा सके तो उनके और अधिक प्रबुद्ध होने का प्रश्न ही नहीं उठता। तथापि यह कहा जाता है कि दसवीं भूमि के बोधिसत्त्व ने वह स्तर प्राप्त कर लिया है जहाँ से वे सचेतन प्राणियों की सेवा उस तरीके से कर सकते हैं कि उसकी तुलना सहज ही बुद्धत्व से की जा सके।

पहली नौ भूमियों पर स्थित बोधिसत्त्वों की तुलना में दसवीं भूमि के बोधिसत्त्व सर्वोच्च स्तर पर होते हैं और 'बोधिसत्त्व भूमि' कहलाते हैं। इसके पश्चात् प्रबोधन की ही स्थिति है और इस बोधिसत्त्व स्तर को विशिष्ट सम्मान दिया जाता है। कभी-कभी इसे 'बुद्ध भूमि' का नाम भी दिया जाता है।

परम पावन, जब लोग रोगग्रस्त हो जाते हैं तब उन्हें भारी धक्का लगता है और वे अपनी समचित्तता खो देते हैं। हमें यह जानने में रुचि है कि जब परम पावन अस्वस्थ थे तब उन्होंने क्या अनुभव किया?

मैं अति निर्धन प्रदेशों में से एक बिहार में था। नालंदा, राजगिरि, बोधगया और पटना से गुजर रहा था तो मैंने कई निर्धन लोग देखे, विशेष रूप से बच्चे और बूढ़े, जिनमें से कई बहुत बीमार थे। ऐसा लगता था, उनकी परवाह करनेवाला कोई नहीं था। पटना के एक होटल में मैं रुग्ण हो गया और मैंने भयंकर पीड़ा अनुभव की। परंतु मानसिक रूप से मैंने उन निर्धन लोगों, जिन्हें मैंने पहले देखा था, विशेष रूप से बच्चों पर विचार करना आरंभ कर दिया। किसी तरह से मेरा मन अपनी पीड़ा से दूर चला गया। यह

संवेदना के अभ्यास और दूसरों का ध्यान रखने का एक उदाहरण है, जो स्वयं उस व्यक्ति को अत्यधिक लाभ पहुँचाता है। स्वयं की पीड़ा किसी प्रकार विस्मृत हो जाती है।

सामान्यतः जब बुद्धवादियों का सम्मेलन होता है, बोधिचित्ता उत्पन्न करने के लिए हम तीन कविताओं का पाठ करते हैं और उनके अर्थ पर विचार करते हैं।

पहली कविता बुद्ध, धर्म और संघ की शरण में जाने से संबंधित है; दूसरी कविता बोधिचित्ता उत्पन्न करने के संबंध में है और तीसरी बोधिसत्त्व आचरण को सशक्त करने तथा बढ़ाने के संबंध में है। सामान्यतः जब मैं एक अल्पकालिक आयोजन में बोधिचित्ता के विकास के लिए प्रवचन देता हूँ तो वह इन्हीं कविताओं पर आधारित होता है।

जब आप एक थंगका या बुद्ध की मूर्ति के सान्निध्य में हों तो सबसे पहले आपको यह कल्पना करनी चाहिए कि आप सचमुच बुद्ध शाक्य मुनि की उपस्थिति में खड़े हैं। फिर अन्य थंगकाओं द्वारा छह आभूषणों और दो सर्वोच्चताओं के प्रदर्शन में कल्पना करें कि आप नालंदा के आठ महान् आध्यात्मिक धुरंधरों को देख रहे हैं। कल्पना करें कि ये थंगकाओं की मूर्तियाँ नहीं हैं बल्कि वे साक्षात् उपस्थित हैं और कल्पना करें कि बुद्ध एवं इन महान् धुरंधरों की उपस्थिति में आप उनकी शरण में हैं और दुःखी सचेतन प्राणियों के लाभ के लिए बोधिचित्ता उत्पन्न कर रहे हैं।

आप में से जो अन्य परंपराओं से संबंध रखते हैं, आप अपने धर्मगुरु की बातों पर चिंतन कर सकते हैं।

इन कविताओं का तीन बार पाठ करें। मैंने पहले भी इनका उल्लेख किया है। उनकी शक्ति अक्षुण्ण है (देखें, इसी पुस्तक के अध्याय 1 में)।

(तालकटोरा इनडोर स्टेडियम, 2003)

□

चार महान् सत्य और विचारों के रूपांतरण की आठ कविताएँ

जब महान् शिक्षक शाक्य मुनि बुद्ध भारत में धर्म के बारे में पहली बार बोले तब उन्होंने चार महान् सत्यों की शिक्षा दी—दुःख, दुःख का कारण, दुःख की समाप्ति और दुःख की समाप्ति का मार्ग। चूँकि चार महान् सत्यों (और अष्टगुणी मार्ग) पर कई पुस्तकों में चर्चा हो चुकी है, वे सुविख्यात हैं। ये चारों सर्व-अर्थपूर्ण हैं।

चार महान् सत्यों को सामान्य अर्थ में कहना हो तथा इस बात को ध्यान में रखकर कि हम सभी सुख पाना और दुःखों का नाश चाहते हैं, हम विक्षोभकारी और मुक्तिदायक, दोनों पक्षों के कारण-कार्य संबंध की बात कर सकते हैं। जहाँ वास्तविक दुःख और उनके वास्तविक कारण अवांछनीय बातों के कारण-कार्य हैं, उनकी वास्तविक समाप्ति और सही मार्ग वांछनीय बातों के कारण-कार्य हैं।

हम कई प्रकार के दुःख अनुभव करते हैं। वे तीन वर्गों में आते हैं—दुःख का दुःख, परिवर्तन का दुःख तथा सर्वव्यापी दुःख।

दुःख का दुःख—यह सिरदर्द जैसे दुःख का द्योतक है। पशु भी इस प्रकार का दुःख पहचान सकते हैं और हमारी तरह ही उनसे छुटकारा चाहते हैं। इस प्रकार के दुःखों से प्राणी भयभीत रहते हैं, उनसे असुविधा अनुभव करते हैं। वे इनको भ्रष्ट करने के लिए विभिन्न प्रयास करते हैं।

परिवर्तन का दुःख—यह ऐसी स्थितियों का द्योतक है जैसे हम आराम से विश्राम की मुद्रा में बैठे हैं और प्रथम दृष्टया सबकुछ ठीक लगता है, परंतु

कुछ ही समय पश्चात् हम अशांत एवं असहज हो जाते हैं।

भारत जैसे कई देशों में हम अतिनिर्धनता और रोगग्रस्तता देखते हैं। ये पहले प्रकार के दु:ख हैं। सभी जानते हैं कि ये दु:ख हैं, जिन्हें नष्ट करना या जिनमें सुधार करना है। कई पश्चिमी देशों में इतनी निर्धनता तो नहीं है, परंतु ऐसे स्थानों में भी, जहाँ भौतिक सुख प्रचुर मात्रा में हैं, कुछ भिन्न प्रकार की समस्याएँ हैं। आरंभ में हम अतिप्रसन्न हो सकते हैं कि हमारे पूर्वजों द्वारा झेली गई समस्याओं से हम मुक्त हैं; किंतु जैसे ही हम कुछ निश्चित समस्याओं का समाधान करते हैं तो नई समस्याएँ खड़ी हो जाती हैं। हमारे पास प्रचुर धन, भोजन और आवास हो सकते हैं; परंतु इन वस्तुओं को अत्यधिक महत्त्व देने के कारण हम उन्हें व्यर्थ बना देते हैं। इस प्रकार के अनुभव परिवर्तन के दु:ख हैं।

एक अति निर्धन व शोषित व्यक्ति यह सोच सकता है कि एक स्वचालित वाहन या टेलीविजन सेट हासिल करना अद्भुत होगा और यदि वह उन्हें प्राप्त कर लेता है तो आरंभ में वह बहुत प्रसन्न व संतुष्ट होगा। अब यदि यह प्रसन्नता स्थायी होती, क्योंकि उसे कार और टेलीविजन सेट प्राप्त हो गए हैं, तो उसकी प्रसन्नता चिरस्थायी होनी चाहिए। परंतु ऐसा नहीं है—यह प्रसन्नता चली जाती है। कुछ महीने पश्चात् वह दूसरे प्रकार की कार चाहता है; यदि उसके पास धन है तो वह दूसरे प्रकार का टेलीविजन खरीद लेगा। पुरानी वस्तुएँ, जिन्होंने पूर्व में उसे इतना संतोष दिया, अब उसमें असंतोष जगाती हैं। यही परिवर्तन का स्वभाव है। यही परिवर्तन के दु:ख की समस्या है।

सर्वव्यापी दु:ख—चूँकि यह पहले दो प्रकार के दु:खों के आधार रूप में कार्य करता है, तीसरे वर्ग को तिब्बती भाषा में क्याब.पा.क्लू.चेड.क्यी. दुग.न्जेल (शब्दार्थ—व्यापक मिश्रित दु:ख) कहते हैं। विकसित पश्चिमी देशों में भी ऐसे लोग हो सकते हैं, जो दूसरे प्रकार के दु:खों, परिवर्तन के दु:ख से छुटकारा पाना चाहते हों। अति सुख के अनुभवों से उकताकर कुछ लोग समचित्तता खोजने में लग जाते हैं—इससे तीन स्तरों में से ऊपरी स्तर पर पुनर्जन्म होता है; इस स्तर पर समचित्तता का अनुभव होता है।

अब, पहले दो प्रकार के दु:खों से मुक्ति की इच्छा (आवागमन के

चक्र से मुक्ति की कामना) का मुख्य प्रयोजन नहीं है। बुद्ध ने सिखाया कि तीनों प्रकार के दुःखों का मूल है—तीसरे प्रकार का सर्वव्यापी दुःख। कुछ लोग आत्महत्या करते हैं। वे सोचते हैं कि मनुष्य जीवन के कारण दुःख है और उसे समाप्त करने से कुछ भी नहीं बचेगा। यह तीसरे प्रकार का सर्वव्यापी दुःख कर्मों और विक्षुब्ध मन के अधीन है। हम देख सकते हैं कि यह पूर्व जन्म के कर्मों और विक्षुब्ध मन के अधीन है—इन सभी कर्मों आदि के समुच्चय से क्रोध और आसक्ति उत्पन्न होती है। ये संचयी घटनाएँ कर्म और विक्षुब्ध मन के निर्माण में हमारी सहायता करती हैं। यह ने.न्जेन. लेन (शब्दार्थ— एक बुरा स्थान लेना) कहलाता है। चूँकि यह परिणामजन्य रूप चित्त के बुरे स्थान को लेने से संबंधित है और उनके नियंत्रण में होता है, इसलिए यह विक्षुब्ध मन की रचना करता है और हमें सद्गुणों से दूर रखता है। हमारे सभी दुःखों को आसक्ति और लालच के इन समुच्चयों से जोड़ा जा सकता है।

कदाचित् जब आप अनुभव करें कि आपके समुच्चय आपके दुःखों का कारण हैं तो आप सोच सकते हैं कि आत्महत्या उससे बाहर निकलने का एक उपाय है। यदि चित्त का सातत्य नहीं होता, कोई भावी जीवन न होता, तब तो ठीक है—आप में बस साहस होता और आप स्वयं को समाप्त कर देते। परंतु बौद्ध दृष्टिकोण से वस्तुस्थिति यह नहीं है—आपकी चेतना अक्षुण्ण रहेगी। यदि आप अपना जीवन, यह जीवन ले भी लें, आपको दूसरा शरीर धारण करना होगा और फिर वह दुःखों का आधार बन जाएगा। यदि आप दुःखों, जीवन की सभी कठिनाइयों से सचमुच छुटकारा चाहते हैं तो उस मूलभूत कारण, जो कि दुःखों का आधार, आपके समुच्चय को बढ़ाता है, से छुटकारा पाना होगा। आत्महत्या आपकी समस्याओं को नहीं सुलझा पाएगी।

अब हमें दुःखों के कारण का अन्वेषण करना चाहिए—कोई कारण है या नहीं ? यदि है तो वह किस प्रकार का कारण है ? क्या वह एक प्राकृतिक कारण है, जिसे नष्ट नहीं किया जा सकता, या वह ऐसा कारण है जो उसके अपने कारण पर निर्भर हो और इसलिए उसे नष्ट किया जा सकता हो। यदि वह ऐसा कारण है जिसे पराभूत किया जा सकता है तो क्या हमारे लिए ऐसा

करना संभव है? इस प्रकार हम दूसरे सत्य, दुःख के कारण के सत्य, पर आते हैं।

सच पूछिए तो बुद्धवादियों की मान्यता है कि कोई बाह्य रचयिता नहीं है। उनके अनुसार बुद्ध व्यक्ति सर्वोच्च सत्ता है, किंतु बुद्ध में भी इतनी शक्ति नहीं कि वे एक नए जीवन की रचना कर सकें। फिर दुःखों का कारण क्या है?

सामान्यतः मूल कारण चित्त है, जो क्रोध, आसक्ति, ईर्ष्या जैसे विचारों से प्रभावित होता है और जो जन्म एवं अन्य सभी समस्याओं का मूल कारण है। तथापि चित्त, स्वयं चेतना के अविरल प्रवाह को विच्छिन्न करना संभव नहीं है। इसके अतिरिक्त, चित्त के गहनतम स्तर पर कुछ भी गलत नहीं है, वह केवल बुरे विचारों से प्रभावित होता है। प्रश्न उठता है कि क्या हम क्रोध, आसक्ति और अन्य विक्षोभकारी नकारात्मक भावनाओं से संघर्ष और उन्हें नियंत्रित कर सकते हैं या नहीं? यदि हम इनका सफाया कर सकें तो हमारे पास शुद्ध चित्त ही बचेगा, जो दुःख के कारणों से मुक्त होगा।

यह हमें अशांत, नकारात्मक चित्त, विभ्रम तक ले आता है। चित्त पर चर्चा करने के कई उपाय हैं; परंतु सामान्यतः चित्त केवल स्पष्टता और जागरूकता है। जब हम क्रोध और आसक्ति जैसी विक्षोभकारी मनोवृत्तियों की बात करते हैं तब हमें यह देखना होता है कि वे चित्त को कैसे प्रभावित कर पाती हैं; वास्तव में उनका स्वभाव क्या है, तो यह दुःख के कारण पर चर्चा है।

यदि हम पूछें 'आसक्ति और क्रोध कैसे उत्पन्न होते हैं?' तो उत्तर है कि वस्तुओं के प्रति हमारा मोह, उन वस्तुओं को सत्य और अंतर्निहित रूप से वास्तविक समझना, उनकी सहायता करता है। उदाहरणार्थ, जब हम किसी बात पर क्रोधित होते हैं तो हम समझते हैं कि (क्रोध का) पात्र वहाँ बाहर है, ठोस सत्य और अनारोपित तथा उसी प्रकार हम स्वयं भी कोई ठोस, प्राप्य वस्तु हैं। हमारे क्रोधित होने से पहले वह पात्र साधारण लगता था; परंतु जब हमारा चित्त क्रोध से प्रभावित हुआ, वह पात्र हमें भद्दा, घृणास्पद और जुगुप्साजनक लगने लगा; ऐसी वस्तु जिससे हम तुरंत छुटकारा पाना चाहें—वह सचमुच इस रूप में दिखाई देता है—ठोस, स्वतंत्र और अत्यंत

अनाकर्षक। यह दृश्य हमारे क्रोध को और उकसाता है। फिर भी, जब हम उसी पात्र को दूसरे दिन देखते हैं, जब हमारा क्रोध कम हो गया हो, वह पिछले दिन की अपेक्षा अधिक सुंदर दिखाई देता है, वह वही पात्र है; परंतु अब वह उतना बुरा नहीं लगता। यह दरशाता है कि हमारी वस्तुओं को सत्य और अनारोपित रूप में देखने की दृष्टि क्रोध और आसक्ति को कैसे प्रभावित करती है।

इस प्रकार, माध्यमिक मत के मूल पात्र कहते हैं—सभी विक्षोभकारी, नकारात्मक मनों का मूल कारण सच्चा अस्तित्व देखने का मोह है। यह मोह उनकी सहायता करता है और उन्हें प्रकट कर देता है—एक संकुचित दृष्टि से उत्पन्न अज्ञान, जो वस्तुओं में अंतर्निहित वास्तविकता देखता है, वही हमारे दुःखों का मूल स्रोत है। सच्चा अस्तित्व देखने के मोह से हम कई प्रकार के विक्षोभकारी नकारात्मक मन विकसित कर लेते हैं और नकारात्मक कर्मों का संचय करते हैं।

महान् भारतीय पं. चंद्रकीर्ति के 'माध्यमकावतार' (मध्य मार्ग में प्रवेश) में लिखा है कि पहले 'स्व' से आसक्ति होती है, फिर वस्तुओं का मोह और उनके लिए 'मेरी' का बोध। सबसे पहले एक ठोस, स्वतंत्र 'मैं' जो अति विशाल है, किसी भी अन्य वस्तु से बड़ा; यह आधार का कार्य करता है। यहाँ से धीरे-धीरे आता है, 'यह मेरा है, यह मेरा है, यह मेरा है।' फिर 'हम, हम, हम।' चूँकि हम इस तरफ हैं, इसलिए 'दूसरे, हमारे शत्रु' आते हैं।

मैं और मेरे प्रति आसक्ति जागती है; उसके और उनके प्रति हम दूरत्व और प्रतिस्पर्द्धा की भावनाएँ, जैसे क्रोध, ईर्ष्या अनुभव करते हैं। इस तरह, अंत में यह 'मैं' की भावना समस्या है—निरा 'मैं' नहीं बल्कि 'मैं जिस पर हम सम्मोहित हो गए हैं। यह क्रोध और चिड़चिड़ाहट बढ़ाता है; विमुखता और घृणा में कटु शब्द और मार-पीट तक ले जाते हैं। इन सभी (मन, वाणी और तन से किए गए) कृत्यों से हमारे बुरे कर्म संचित होते हैं। हत्या, धोखाधड़ी और अन्य नकारात्मक कृत्य ऐसे ही प्रयोजन के परिणाम हैं। तो आप देखेंगे कि इस उपद्रव का पहला चरण मानसिक है, विक्षोभकारी नकारात्मक मन; दूसरे चरण में ये नकारात्मक चित्त कर्मों के रूप में अभिव्यक्त

होते हैं। तुरंत ही वातावरण विक्षुब्ध हो जाता है।'

उदाहरणार्थ, क्रोध से वातावरण तनावपूर्ण और लोग अशांत हो जाते हैं। यदि कोई उग्र हो जाता है तो सौम्य व्यक्ति उससे दूर रहने का प्रयास करते हैं। इससे वह उग्र व्यक्ति स्वयं भी अशांत हो जाता है और बाद में अनाप-शनाप बकने के लिए शरमिंदा अनुभव करता है। जब आप क्रोधित होते हैं, तब किसी तर्क या समझदारी की गुंजाइश नहीं होती; आप लगभग पागल हो जाते हैं। इसलिए बाद में जब आपका मन पुन: सामान्य हो गया हो, आप शरमिंदा अनुभव करते हैं। क्रोध और आसक्ति में कोई भी अच्छाई नहीं है, उनसे कोई भी सकारात्मक परिणाम नहीं निकलता। उनपर नियंत्रण पाना कठिन हो सकता है; परंतु हर व्यक्ति यह जान सकता है कि उनमें कुछ भी अच्छा नहीं है। 'यह' दूसरा महान् सत्य है। अब प्रश्न उठता है कि क्या इस प्रकार की नकारात्मक बुद्धि नष्ट की जा सकती है या नहीं?

सभी विक्षोभकारी नकारात्मक मनों का मूल कारण वस्तुओं को वस्तुत: अस्तित्ववान् समझना है। अत: हमें यह पता लगाना होगा कि इस प्रकार की समझ रखनेवाला चित्त सही है या विकारग्रस्त और क्या वह वस्तुओं को ठीक से देख पा रहा है? मन वस्तुओं को जैसा अनुभव करता है, वे वास्तव में वैसी हैं या नहीं, इसका अन्वेषण करने पर हम ऐसा कर सकते हैं। चूँकि ऐसा चित्त यह देख पाने में असमर्थ होता है कि वह वस्तुओं को ठीक से समझ पाता है या नहीं, हमें ज्ञात होता है कि तथ्यों को देखने के और भी कई वैध तरीके हैं तथा ये तरीके विकृत मन द्वारा समझे गए तथ्यों को नकार देते हैं, तो हम कह सकते हैं कि वह चित्त सच्चाई नहीं देख पा रहा है।

इस तरह से उस चित्त से, जो मूल तत्त्व का विश्लेषण कर सकता है, यह निर्णय कर सकते हैं कि वह चित्त, जो वस्तु को मोहित दृष्टि से देखता है, सही है या नहीं। यदि वह सही है तो विश्लेषक चित्त अंत में उन वस्तुओं की वास्तविकता को जान लेगा। चित्तमात्र मत के कई गौरव ग्रंथ, विशेष रूप से माध्यमिक मत, ऐसी कई तर्कपूर्ण पंक्तियाँ रखते हैं, जिनसे ऐसा अन्वेषण किया जा सके। इन पंक्तियों का अनुसरण करके जब आप यह पता लगाने

का प्रयास करते हैं कि वह मोहग्रस्त चित्त, जो वस्तुओं के विकृत रूप देखता है, सही है या नहीं, तब आप जान जाते हैं कि वह सही नहीं है, वह विकृत है—आप उन वस्तुओं तक नहीं पहुँच सकते। चूँकि यह चित्त उसके दृश्यों द्वारा ठगा गया है, उसे समाप्त कर देना चाहिए।

अन्वेषण से मोहग्रस्त चित्त के लिए कोई वैध समर्थन नहीं मिलता; परंतु विश्लेषक चित्त, जो यह जानता है कि मोहग्रस्त चित्त भ्रांत है, को तर्कपूर्ण विचारणा का समर्थन मिल जाता है। दोनों चित्तों के द्वंद्व में तर्कपूर्ण समर्थनवाला चित्त सदा विजयी होगा। यह समझ कि ऐसा कोई वास्तव में प्राप्य अस्तित्व नहीं है, चित्त की गहराई और स्पष्टता दरशाती है। मोहग्रस्त चित्त, जो वस्तुतः प्राप्य वस्तुओं के भ्रम में रहता है, वह सतही और अस्थिर होता है।

जब हम विक्षोभकारी नकारात्मक चित्त, जो सभी दुःखों का कारण है, को नष्ट कर देते हैं, तब हम उन दुःखों का भी नाश कर देते हैं। यही मुक्ति या दुःख की समाप्ति है—तीसरा महान् सत्य। क्योंकि यह उपलब्ध करना संभव है, हमें अब इसकी पद्धति की ओर ध्यान देना होगा। यह हमें चौथे महान् सत्य तक ले आता है।

जब हम बौद्ध धर्म के तीनों वाहनों (यानों)—आवकयान, प्रत्येक बुद्धयान और महायान—को उपलब्ध मार्गों की बात करते हैं तो हमारा संकेत प्रबोधनकारी सैंतीस कारकों की ओर होता है। जब हम बोधिसत्त्वों के यान (महायान) की विशेष रूप से चर्चा करते हैं, तब हमारा संकेत दस स्तरों और छह उत्कृष्ट पूर्णताओं की ओर होता है।

हीनयान मार्ग की साधना थाईलैंड, म्याँमार और श्रीलंका में अधिक प्रचलित है। यहाँ साधक अपने स्वयं के दुःखों से मुक्ति की कामना से प्रेरित होते हैं। केवल स्वयं से सरोकार रखते हुए वे प्रबोधन के सैंतीस कारकों की साधना करते हैं, जो पाँच मार्गों से संबंधित हैं—चार सतर्कताओं की निकटवर्ती स्थापना, चार चमत्कारी शक्तियाँ और चार शुद्ध परित्याग (जो संग्रहण के मार्ग से संबंधित है), पाँच शक्तियाँ, पाँच ऊर्जाएँ (व्यवहार का मार्ग), प्रबोधन के सात कारक (देखने का मार्ग) और अष्टगुणी मार्ग (चिंतन मार्ग)। इनके

माध्यम से विक्षोभकारी, नकारात्मक चित्तों की समाप्ति, निर्वाण और व्यक्तिगत मोक्ष उपलब्ध कर सकते हैं। यह हीनयान मार्ग और उसका परिणाम है।

जो साधक माध्यमिक मार्ग का अनुसरण करते हैं, उनका सरोकार केवल स्वयं के मोक्ष से नहीं बल्कि सभी सचेतन प्राणियों के प्रबोधन से होता है। बोधिचित्ता—उनके हृदय में प्रबोधन को अन्य लोगों की सहायता का सर्वोत्तम उपाय के रूप में देखने की बात कहती है—के प्रयोजन से वे छह उत्कृष्ट पूर्णताओं का अभ्यास करते हैं और बोधिचित्ता के दस स्तरों से क्रमशः तब तक प्रगति करते हैं जब तक उन्होंने दोनों प्रकार के धुँधलकों को पराजित करके बुद्धत्व का सर्वोच्च प्रबोधन प्राप्त न कर लिया हो। यही महायान मार्ग और उसके परिणाम हैं।

छह उत्कृष्ट पूर्णताओं की साधना का सार पद्धति और बुद्धिमत्ता के एकीकरण में है, जिससे दो प्रबुद्ध कायाएँ—रूपकाया और धर्मकाया—उपलब्ध की जा सकें। चूँकि ये दोनों साथ-साथ ही उपलब्ध होती हैं, इसलिए उनके कारण भी साथ-साथ ही विकसित किए जाने चाहिए। इस तरह रूपकाया के कारण के रूप में हमें योग्यता का भंडार और धर्मकाया, बुद्धिमत्ता की काया, के कारण के रूप में गहन बोध या अंतर्दृष्टि का भंडार साथ-साथ ही निर्मित करने चाहिए। परामितयान में हम बुद्धिमत्ता से पद्धति और पद्धति से बुद्धिमत्ता विकसित करने की साधना करते हैं; परंतु वज्रयान में पद्धति और बुद्धिमत्ता के एकात्म रूप में साधना करते हैं।

लांगरी तांगपा 'विचारों के रूपांतरण की आठ कविताएँ' में पद्धति और बुद्धिमत्ता की परामितयान साधना की व्याख्या करते हैं—प्रथम सात कविताएँ पद्धति—प्रेमपूर्ण करुणा, बोधिचित्ता और आठवीं कविता बुद्धिमत्ता के संबंध में है।

1. पूर्ण सफलता पाने के निश्चय से मैं सभी प्राणियों, जो कामना की पूर्ति करनेवाले रत्नों से अधिक मूल्यवान् हैं, से सदा प्रेमपूर्ण व्यवहार करूँगा।

हम और अन्य सभी प्राणी सुखी रहना तथा दुःखों से मुक्त रहना चाहते हैं। इस संबंध में हम सभी समान हैं। तथापि हममें से प्रत्येक अकेला है और अन्य प्राणी असंख्य हैं। अब दो प्रवृत्तियाँ हैं जिनपर विचार करना है— स्वानुरागी और सर्वरागी। स्वानुरागी प्रवृत्ति हमें अति तनावग्रस्त बना देती है; हम समझते हैं कि हम अत्यंत महत्त्वपूर्ण हैं और हम प्रसन्न रहें तथा सबकुछ सुचारु रूप से चलता रहे, यही हमारी मूलभूत कामना है। फिर भी, हम नहीं जानते कि ऐसा कैसे होगा। वास्तव में स्वानुरागी मन का अनुसरण करने से कभी सुख प्राप्त नहीं हो सकता।

जो लोग दूसरों से प्रेम करते हैं, वे सभी प्राणियों को स्वयं से अधिक महत्त्वपूर्ण मानते हैं और दूसरों की सहायता को सर्वोपरि समझते हैं। इस तरह से व्यवहार करते हुए, संयोगवश, वे अत्यंत सुखी बन जाते हैं। उदाहरणार्थ, यहाँ तक कि राजनीतिज्ञ, जो अन्य लोगों की निष्ठापूर्वक सहायता या सेवा करते हैं, इतिहास में उनके नाम का उल्लेख आदर के साथ किया जाता है और जो दूसरों का निरंतर शोषण करते हैं, उनपर इतिहास के प्रतिकूल टिप्पणियाँ होती हैं।

एक क्षण के लिए धर्म, अगले जीवन और निर्वाण की बात छोड़ दें तो इस जन्म में भी स्वार्थी लोग अपने स्वकेंद्रित कार्यों से स्वयं के लिए नकारात्मक प्रतिक्षेप लाते हैं। दूसरी ओर मदर टेरेसा जैसे व्यक्तित्व, जिन्होंने अपनी ऊर्जा एवं अपना जीवन निर्धन, जरूरतमंद तथा निस्सहाय लोगों की सेवा में लगा दिया। वे अपने महान् कार्यों के लिए आदरपूर्वक याद की जाती हैं; दूसरों के पास उनके बारे में नकारात्मक कहने के लिए कुछ भी नहीं होता; तो यह दूसरों से प्रेम करने का परिणाम है : आप चाहें या न चाहें, वे लोग भी, जो आपके संबंधी नहीं हैं, आपको सदा पसंद करते हैं, आपके साथ प्रसन्न रहते हैं, आपके प्रति स्नेह की भावना रखते हैं।

यदि आप इस प्रकार के व्यक्ति हैं जो दूसरों के सामने हमेशा मीठा बोलते हों और उनकी पीठ पीछे उनकी निंदा करते हों तो कोई भी आपको पसंद नहीं करेगा। इस प्रकार, इस जीवन में भी यदि हम यथाशक्ति दूसरों की सहायता करें और स्वार्थी विचारों को मन में कम-से-कम स्थान दें तो

हम बहुत आनंद का अनुभव करेंगे। हमारा जीवन अति दीर्घ नहीं है—अधिकतम सौ वर्ष। यदि इस पूर्ण अवधि में हम अन्य लोगों के कल्याण के लिए दयावान्, प्रेमपूर्ण और संवेदनशील रहने का प्रयास करते हैं और कम स्वार्थी, कम क्रोधी बने रहते हैं तो वह अद्‍भुत एवं उत्तम होगा। वही वास्तव में प्रसन्नता का कारण बनेगा। यदि आप स्वार्थी हैं और स्वयं को पहले तथा अन्य को दूसरे स्थान पर रखते हैं तो आप सबसे फिसड्डी होंगे। यदि मानसिक रूप से आप स्वयं को अंत में और अन्य को पहले रखें तो आप आगे निकल जाएँगे।

इसलिए अगले जन्म या निर्वाण की चिंता न करें—ये बातें क्रमशः आएँगी। यदि आप इस जीवन में अच्छे, स्नेही, निस्स्वार्थ व्यक्ति बने रहते हैं तो आप विश्व के अच्छे नागरिक बनेंगे। आप चाहे बौद्ध हों या ईसाई या कम्युनिस्ट, यह महत्त्वपूर्ण नहीं है। महत्त्वपूर्ण यह है कि जब तक आप एक मनुष्य हैं, आपको एक अच्छा मनुष्य बनना चाहिए। यह बौद्ध धर्म की शिक्षा है; विश्व के सभी धर्मों का यही संदेश है। तथापि बौद्ध धर्म की शिक्षाओं में स्वार्थता को नष्ट करने और दूसरों से प्रेम की भावना उत्पन्न करने की हर पद्धति दी गई है। शांतिदेव की बोधिचर्यावतार, उदाहरणार्थ, इस संबंध में बहुत सहायक है। मैं इसी पुस्तक के अनुसार अभ्यास करता हूँ। यह अत्यंत उपयोगी है। हमारा चित्त चालाक होता है और कठिनाई से नियंत्रित होता है, परंतु यदि हम तर्कपूर्ण विवेचन और ध्यानपूर्ण विश्लेषण के साथ निरंतर एवं अथक प्रयास करें तो हम उसपर नियंत्रण कर पाएँगे और उसे बेहतर बना सकेंगे।

कुछ पश्चिमी मनोवैज्ञानिक कहते हैं कि हमें क्रोध का दमन नहीं, उसे अभिव्यक्त कर देना चाहिए—कि हमें क्रोध का व्यवहार करना चाहिए। परंतु हमें उन मानसिक समस्याओं, जिन्हें अभिव्यक्त करना चाहिए और वे, जिन्हें नहीं करना चाहिए, में भेद करना चाहिए। कभी आपके साथ वास्तव में अन्याय हुआ हो तो अपनी शिकायत मन में पाले रखने के स्थान पर उसे अभिव्यक्त करना उचित होगा। परंतु आपकी यह अभिव्यक्ति क्रोधपूर्ण नहीं होनी चाहिए। यदि आप क्रोध जैसे विक्षोभकारी नकारात्मक चित्तों का पोषण करते हैं तो वे आपके व्यक्तित्व का एक भाग बन जाएँगे। जब भी आप क्रोध

व्यक्त करते हैं तो दोबारा ऐसा करना सरल हो जाता है। आप अधिक-से-अधिक क्रोध करते हैं, जब तक कि आप पूर्णत: अनियंत्रित एक प्रचंड व्यक्ति नहीं बन जाते। इस तरह, मानसिक समस्याओं के संदर्भ में, उनमें से निश्चित रूप से कुछ में क्रोध की उचित अभिव्यक्ति वैध है, अन्य में नहीं। जब आप विक्षोभकारी नकारात्मक चित्तों के नियंत्रण का प्रयास करते हैं, वह आरंभ में कठिन होता है। पहले दिन, पहले सप्ताह, पहले महीने आप उन्हें ठीक से नियंत्रित नहीं कर पाते; लेकिन यदि आप निरंतर प्रयास करें तो धीरे-धीरे आपकी नकारात्मकताएँ कम होंगी। दवाई या अन्य कोई रासायनिक पदार्थ लेने से चित्त के विकास में प्रगति नहीं आती। यह चित्त के नियंत्रण पर निर्भर है।

इस प्रकार, यदि हम अपनी इच्छाएँ पूर्ण करना चाहते हैं, चाहे वे सांसारिक हों या तात्त्विक, तो हमें कामना पूर्ण करनेवाले रत्नों से अन्य सचेतन प्राणियों पर अधिक विश्वास करना चाहिए और उन्हें किसी भी अन्य वस्तु से अधिक प्रेम करना चाहिए।

इस साधना का पूर्ण उद्‍देश्य हमारे मन को परिष्कृत करना है या कुछ ऐसा करना, जिससे दूसरों की सहायता हो? दोनों में से क्या अधिक महत्त्वपूर्ण है?

दोनों ही महत्त्वपूर्ण हैं। पहले तो, यदि हमारा प्रयोजन ही शुद्ध न हो तो हम जो भी करेंगे, वह संतोषजनक नहीं भी हो सकता है। इसलिए सर्वप्रथम हमें शुद्ध प्रयोजन विकसित करना चाहिए। परंतु दूसरों की सहायतार्थ सचमुच कुछ करने से पहले हमें इस प्रयोजन के पूर्ण विकसित होने तक प्रतीक्षा करने की आवश्यकता नहीं है। निश्चित रूप से, दूसरों की सहायता सर्वाधिक प्रभावी तरीके से करने के लिए हमारा पूर्ण प्रबुद्ध—बुद्ध—होना आवश्यक है। दूसरों की सहायता विस्तृत रूप से करने के लिए बोधिसत्त्व का कम-से-कम एक स्तर उपलब्ध करना आवश्यक है, अर्थात् शून्यता की वास्तविकता के एक प्रत्यक्ष, अवधारणेतर बोध का अनुभव तथा इंद्रियातीत अनुभव की शक्तियों की उपलब्धि। फिर भी, हम दूसरों को कई स्तरों पर सहायता

प्रस्तावित कर सकते हैं। इन गुणों को प्राप्त किए बिना भी हम बोधिसत्त्व की तरह आचरण करने का प्रयास कर सकते हैं, यद्यपि हमारे कार्य उनकी अपेक्षा कम प्रभावोत्पादक होंगे।

इसलिए पूर्ण योग्यता प्राप्त किए बिना भी हम सुप्रयोजन विकसित कर सकते हैं और उसके साथ दूसरों की सहायता सर्वोत्तम तरीके से कर सकते हैं। मैं समझता हूँ कि यह एक अधिक संतुलित कार्यविधि है और कहीं दूर जाकर अकेले केवल चिंतन व भजन करने से उत्तम है। तथापि बहुत कुछ व्यक्ति पर निर्भर करता है। यदि कोई आश्वस्त है कि कहीं दूर जाकर रहने से वह एक निश्चित अवधि में, निश्चित रूप से, सत्य को प्राप्त कर लेगा तो यह एक अलग बात है। कदाचित् उत्तम तो यह होगा कि हम आधा समय सक्रिय कार्यों में और आधा चिंतन में लगाएँ।

तिब्बत एक बौद्ध देश था। जिन मूल्यों की आप व्याख्या कर रहे हैं, वे यदि बुद्धवादी हैं तो फिर तिब्बती समाज में इतना असंतुलन क्यों था?

मानवीय कमजोरी। यद्यपि निश्चित रूप से तिब्बत एक बौद्ध देश था, उसमें भी बुरे व भ्रष्ट लोग थे। यहाँ तक कि कुछ धार्मिक संस्थाएँ, मठ भी भ्रष्ट हो गए और शोषण के केंद्र बन गए। परंतु ऐसा होते हुए भी अन्य सामंती समाजों की तुलना में तिब्बत कहीं अधिक शांति व सद्‌भावपूर्ण था और उनसे कम समस्याग्रस्त था।

2. मैं जहाँ भी जाऊँ और जिस किसी के साथ भी रहूँ, स्वयं को सबसे तुच्छ समझने का अभ्यास करूँगा और निष्ठापूर्वक अन्य सभी को प्रिय एवं सर्वोच्च समझूँगा।

हम चाहे किसी के भी साथ हों, हम प्रायः सोचते हैं, 'मैं उससे अधिक शक्तिशाली हूँ', 'मैं उससे अधिक सुंदर हूँ', 'मैं अधिक बुद्धिमान हूँ', 'मैं अधिक धनवान् हूँ', 'मैं उच्चतर उपाधिधारक हूँ' आदि—इस तरह हम अभिमान को जन्म देते हैं। यह अच्छा नहीं है। इसके स्थान पर हमें सदा

विनम्र बने रहना चाहिए। यहाँ तक कि जब हम दूसरों की सहायता करते हों और परोपकारी कार्य में लगे हों, हमें दंभपूर्वक स्वयं को निर्धनों का हितैषी, उनका महान् रक्षक नहीं समझना चाहिए। यह भी अहंकार है। इसके विपरीत, हमें इन कार्यों को विनम्रता से करना चाहिए और यह सोचना चाहिए कि हम लोगों को अपनी सेवाएँ अर्पित कर रहे हैं।

उदाहरण के लिए, जब हम स्वयं की तुलना पशुओं से करते हैं तो हम सोच सकते हैं, 'मुझे मानव शरीर मिला है', 'मैं ईश्वरेच्छा से आया व्यक्ति हूँ' और हम स्वयं को उनसे अति श्रेष्ठ समझते हैं। एक दृष्टिकोण से हम कह सकते हैं कि हमारे पास मानव शरीर है और हम बुद्ध की शिक्षाओं का पालन कर रहे हैं और कीड़ों से बहुत बेहतर हैं। परंतु दूसरी ओर, हम कह सकते हैं कि कीड़े मासूम होते हैं और निष्कपट, जबकि हम प्रायः झूठ बोलते हैं और अपने प्रयोजन सिद्ध करने या दूसरों से आगे निकलने के लिए कुटिलता से मिथ्याचार करते हैं। इस दृष्टिकोण से हम कीड़ों से हीनतर हैं; कीड़े अपने क्रिया-कलाप बिना किसी मिथ्याचार के करते हैं। विनम्रता के प्रशिक्षण की यह एक विधि है।

3. कोई भी कार्य करने से पहले मैं अपने मन का परीक्षण करूँगा और जैसे ही मुझे अन्य दूसरों को संकट में डालनेवाला कोई अनियंत्रित विचार उठे तो मैं उसका सामना कर उसका निवारण करूँगा।

जब हम स्वार्थपूर्ण हों और दूसरों को भुलाकर स्वयं में लीन हों तो उस समय यदि हम अपने मनों का अन्वेषण करें तो पता चलेगा कि विक्षोभकारी नकारात्मक मन हमारे इस व्यवहार के मूल में है। चूँकि वे हमारे मन को अत्यधिक अशांत कर देते हैं, जिस क्षण हमें यह बोध होता है कि हम उनके प्रभाव में हैं, हमें उनके ओषधि का उपयोग करना चाहिए। रिक्तता पर चिंतन करके हम इन सभी विक्षोभकारी नकारात्मक मनों का प्रतिकार कर सकते हैं; परंतु ऐसे कुछ विशिष्ट मनों के लिए ओषधि हैं, जिनका हमें आरंभक के रूप में प्रयोग करना चाहिए। इस तरह, आसक्ति के लिए हमें कुरूपता पर चिंतन करना चाहिए, क्रोध के लिए प्रेम पर, जड़ बुद्धियुक्त अज्ञान के लिए (परस्पर)

निर्भर आरंभन पर, कई विक्षोभकारी विचारों के लिए श्वासों और ऊर्जा पवनों पर चिंतन करना चाहिए।

पर-निर्भर आरंभन क्या है ?

पर-निर्भर आरंभन या परस्पर निर्भर उत्पत्ति के बारह संपर्क सूत्र। वे अज्ञान से आरंभ होते हैं तथा वृद्धावस्था और मृत्यु तक जाते हैं। सूक्ष्मतर स्तर पर पर-निर्भर आरंभन वाक्यांश का प्रयोग आप वस्तुओं का सत्य अस्तित्व न होने के तथ्य की स्थापना के लिए कर सकते हैं।

आसक्ति पर विजय पाने के लिए हम कुरूपता पर चिंतन क्यों करेंगे ?

हम विषयों (ऑब्जेक्ट्स) से आसक्ति इसलिए विकसित करते हैं कि वे आकर्षक होते हैं। उन्हें अनाकर्षक या भद्दे रूप में देखने का प्रयास उसका प्रतिकारक होगा। उदाहरण के लिए, हम किसी दूसरे व्यक्ति की सुंदर आकृति देखकर उसके शरीर से आसक्ति विकसित कर सकते हैं। जब आप इस आसक्ति का विश्लेषण आरंभ करते हैं तो आपको पता चलता है कि वह मात्र त्वचा को देखने पर आधारित है। तथापि जो शरीर हमें सुंदर दिखाई देता है, वह प्राकृतिक रूप से मांस, रक्त, अस्थियों और त्वचा से बना है। अब हम मानव त्वचा का विश्लेषण करें; उदाहरणार्थ, आप अपनी त्वचा को ही लें। यदि उसका कोई भाग अलग हो जाए और उसे आप कुछ दिनों के लिए ताक पर रख दें तो वह सचमुच कुरूप बन जाएगी। यह त्वचा का स्वभाव है। शरीर के सभी भाग ऐसे ही हैं। मानव मांस के एक टुकड़े में कोई सुंदरता नहीं है; जब आप रक्त को देखें तो आसक्ति नहीं, शायद भय का अनुभव करेंगे। यहाँ तक कि एक सुंदर चेहरा, यदि उसे खरोंच दिया जाए तो उसमें कुछ भी रुचिकर न होगा; रंगों को धो डालिए—कुछ भी नहीं बचेगा! भौतिक शरीर के स्वभाव में ही कुरूपता है। मानव अस्थियाँ, कंकाल भी अनाकर्षक है। जाँघ की दो तिरछी अस्थियों के मध्य स्थित खोपड़ी नकारात्मक संकेत देती है।

अतः जब आप किसी के प्रति आसक्ति या प्रेम अनुभव करें—हम यहाँ इस शब्द को इच्छापूर्ण अनुराग के नकारात्मक अर्थ में प्रयोग कर रहे हैं—तब आपको पात्र के कुरूप पक्ष के बारे में अधिक सोचना चाहिए। उसके स्वभाव का उस दृष्टिकोण से विश्लेषण कीजिए—वह चाहे व्यक्ति हो या कोई वस्तु। आपके अनुराग को चाहे यह पूर्णतया नियंत्रित न कर पाए, उसे वश में करने में कुछ सहायक तो अवश्य होगी। पात्र के कुरूप पक्ष की ओर देखने पर चिंतन करने या ऐसी आदत बना लेने का यही प्रयोजन है।

दूसरे प्रकार का प्रेम, करुणा इस तर्क प्रणाली पर आधारित नहीं है कि 'अमुक व्यक्ति सुंदर है, इसलिए मैं आदर और करुणा प्रकट करूँगा।' पवित्र प्रेम का आधार है, 'यह एक सजीव प्राणी है, वह आनंद चाहता है। वह दुःख नहीं चाहता। उसे आनंदित रहने का अधिकार है, इसलिए मुझे उसके प्रति प्रेम और संवेदना का अनुभव होना चाहिए।' इस प्रकार का प्रेम पहले, जो अज्ञान पर आधारित है और इसलिए अस्थिर है, से सर्वथा भिन्न है। इस प्रेमपूर्ण संवेदना के प्रयोजन सारवान् हैं। ऐसा प्रेम जो मात्र आसक्ति है, प्रिय में किंचित् परिवर्तन, जैसे—प्रवृत्ति में छोटा सा परिवर्तन, तुरंत आप में शीघ्र परिवर्तन ले आता है। ऐसा इसलिए, क्योंकि आपकी भावना एक सतही लक्ष्य पर आधारित है। उदाहरणार्थ, एक नए विवाह को लीजिए। प्रायः कुछ सप्ताह, महीने या वर्षों बाद युगल एक-दूसरे के शत्रु बन जाते हैं और तलाक तक पहुँच जाते हैं। उन्होंने विवाह किया, क्योंकि वे गहरा प्रेम करते थे—कोई भी घृणा होते हुए विवाह नहीं करता—परंतु कुछ समय बाद ही सबकुछ बदल गया। क्यों? संबंध के सतही आधार के कारण एक व्यक्ति में एक छोटा सा परिवर्तन दूसरे की प्रवृत्ति में पूर्ण परिवर्तन कर गया।

आपको सोचना चाहिए, 'वह दूसरा व्यक्ति भी मेरे ही समान एक मनुष्य है। निश्चित रूप से मैं आनंद चाहता हूँ, इसलिए उसे भी आनंद की आकांक्षा होगी। एक सचेतन प्राणी के रूप में मैं आनंद का अधिकारी हूँ। उसी तर्क से वह भी आनंद का अधिकारी है।' इस प्रकार की ज्ञानपूर्ण तर्क प्रणाली पवित्र प्रेम और संवेदना का विकास करती है। फिर उस व्यक्ति के संबंध में हमारे विचार चाहे कितने भी बदल जाएँ—अच्छे से बुरे और फिर

घृणास्पद—वह मूल रूप में वही सचेतन प्राणी है। इस प्रकार चूँकि प्रेमपूर्ण, करुणा दरशाने का प्रमुख कारण सदा विद्यमान है, उस व्यक्ति के प्रति हमारी भावनाएँ पूर्णतः स्थायी रहेंगी। क्रोध का ओषधि प्रेम पर चिंतन है, क्योंकि क्रोध एक उद्दंड, असभ्य मन है, जिसे प्रेम से कोमल बनाया जा सकता है।

जिन वस्तुओं से हमें अनुराग होता है, जब हम उनका आनंद लेते हैं तब हमें एक निश्चित सुख प्राप्त होता है। परंतु जैसा नागार्जुन ने कहा है, 'यह खुजली होने और उसे खुजलाने जैसा है, यह हमें थोड़ा सुख देता है; परंतु हम उससे कहीं अधिक बेहतर होते, यदि हमें खुजली होती ही नहीं।' इसी प्रकार, जिस वस्तु पर हम सम्मोहित होते हैं, जब वह प्राप्त हो जाती है तो हमें सुख मिलता है; परंतु यह कहीं बेहतर होता, यदि हम उस अनुराग से मुक्त होते, जिससे हमें उस वस्तु को पाने की धुन सवार हो गई थी।

4. जब भी मैं किसी दुष्ट प्रवृत्ति के व्यक्ति, जो बुराई और दुर्गति से ग्रस्त हो, को देखूँ मैं उसे प्रेम का पात्र समझूँगा, जैसे मुझे कोई दुष्प्राप्य, बहुमूल्य खजाना प्राप्त हो गया हो।

यदि हम किसी ऐसे व्यक्ति से मिलते हैं जो प्रकृति से निर्दयी, उद्दंड, घृणास्पद और अप्रिय हो, हमारी सामान्य प्रतिक्रिया उससे बचने की होगी और ऐसी स्थितियों में हमारा दूसरों से प्रेमपूर्ण व्यवहार कम हो गया है, ऐसा लगेगा। उस व्यक्ति की दुष्टता के संबंध में सोचने से अन्य के प्रति हमारा प्रेम कम हो, इसके स्थान पर हमें उस व्यक्ति को अपने प्रेम और संवेदना का विशेष पात्र समझना चाहिए, जैसे हमें कोई दुष्प्राप्य, बहुमूल्य खजाना प्राप्त हो गया हो।

5. यदि ईर्ष्यावश अन्य व्यक्ति मुझे अपशब्द कहकर, अपमानित करके और इसी तरह मुझसे बुरा व्यवहार करते हैं, मैं पराजय स्वीकार करने और अन्य लोगों को विजयी बनाने का व्यवहार करूँगा।

यदि कोई यह कहकर कि हम अकुशल हैं और कुछ भी करना नहीं जानते, हमारा अपमान करता है, अपशब्द कहता है और निंदा करता है तो

संभवतः हम क्रोधित हो जाएँगे और जो कुछ उसने कहा, उसका विरोध करेंगे। हमें अपनी प्रतिक्रिया इस तरह नहीं देनी चाहिए—इसके स्थान पर जो कहा गया है उसे विनम्रता और सहनशीलता से स्वीकार कर लेना चाहिए।

जब यह कविता कहती है कि हमें पराजय स्वीकार कर लेनी चाहिए तथा अन्य को विजयी बना देना चाहिए तो हमें दो प्रकार की स्थितियों में भेद करना होगा। यदि एक ओर हम अपने ही कल्याण में मगन हैं और स्वार्थी प्रकृति के हैं तो हमें पराजय स्वीकार कर दूसरे को विजयी बना देना चाहिए, चाहे इसमें जान की बाजी ही क्यों न लगानी पड़े। परंतु दूसरी ओर यदि स्थिति ऐसी है कि दूसरों का कल्याण दाँव पर लगा हो तो हमें कठोर परिश्रम करना चाहिए और दूसरों के लिए संघर्ष करना चाहिए तथा लक्ष्य-प्राप्ति में अपनी कोई कमी स्वीकार नहीं करनी चाहिए।

एक बोधिसत्त्व के छियालीस द्वितीयक प्रतिज्ञाओं में से एक—ऐसी स्थिति का उल्लेख करती है जिसमें कोई व्यक्ति कोई हानिकारक कार्य कर रहा हो तो आपको उस व्यक्ति को रोकने के लिए बल-प्रयोग या ऐसा ही कोई उपाय तुरंत ही करना होगा। यदि आप ऐसा नहीं करते तो आपने प्रतिज्ञा भंग की है। यह निर्देश और पाँचवाँ बंद—जो कहता है कि व्यक्ति को पराजय स्वीकार कर दूसरे को विजयी बना देना चाहिए, विरोधाभासी हैं; परंतु ऐसा नहीं है। बोधिसत्त्व निर्देश एक ऐसी स्थिति की बात करता है जिसमें व्यक्ति का प्रमुख लक्ष्य दूसरों का कल्याण है—यदि कोई व्यक्ति अत्यंत हानिकारक या खतरनाक कार्य कर रहा हो तो उसे रोकने के लिए, यदि आवश्यक हो तो, कठोर कदम न उठाना गलत होगा। आजकल प्रतिस्पर्द्धी समाजों में कठोर रक्षात्मक या ऐसे ही उपाय करना प्रायः आवश्यक हो जाता है। इन उपायों का प्रयोजन स्वार्थपरक नहीं होना चाहिए, बल्कि दूसरों के लिए करुणा और संवेदना की भावना होनी चाहिए। यदि हम ऐसी भावनाओं से दूसरों को उनके नकारात्मक कर्मों से बचाएँ तो यह पूर्णतः सही होगा।

जब हम कुछ गलत देखें तो कठोर कदम उठाना कभी-कभी आवश्यक हो सकता है; परंतु ऐसे निर्णयों के लिए हम किसके विवेक

पर विश्वास करें? क्या विश्व के बारे में हम अपनी समझ पर भरोसा कर सकते हैं?

यह उलझनपूर्ण है। यदि आप अपने उत्तरदायित्व पर हानि उठाने का विचार करते हैं तो आपको यह देखना होगा कि दूसरों को विजयी बनाने से क्या अंत में उनका भला होगा, या आप केवल अस्थायी रूप से ऐसा करते हैं? आपके द्वारा हानि का उत्तरदायित्व लेने से भविष्य में दूसरों की सहायता करने की आपकी क्षमता पर इसका क्या प्रभाव होगा, इस पर भी विचार करना होगा। यह संभव है कि इस समय कुछ कठोर कदम उठाकर दूसरों को हानि पहुँचाने से आप स्वयं में महान् योग्यता अर्जित करते हैं, जिससे आप दीर्घकाल में दूसरों के लिए लाभकारी कार्य कर सकें; यह एक अन्य कारक है जिसे आपको ध्यान में रखना होगा।

जैसा 'बोधिचर्यावतार' में कहा गया है—आपको सतही और गहन दोनों तरह से यह परीक्षण करना होगा कि एक प्रतिबंधित कार्य को करने के लाभ उसकी कमियों से अधिक हैं। ऐसे समय में, जब इस संबंध में कुछ भी कहना कठिन हो तो आपको अपने प्रयोजन की जाँच करनी चाहिए।' 'शिक्षासमुक्काया' में शांतिदेव कहते हैं कि 'बोधिचित्ता प्रयोजन से किए गए किसी कार्य के लाभ ऐसे प्रयोजन के बिना किए गए उसी कार्य की नकारात्मकताओं से अधिक होते हैं। क्योंकि क्या करें और क्या न करें की विभाजक रेखा को देख पाना कभी-कभी बहुत कठिन, किंतु अति महत्त्वपूर्ण हो जाता है। आपको उन मूल पाठों का अध्ययन करना चाहिए, जो इस प्रकार की बातों की व्याख्या करते हैं। प्राथमिक स्तर के मूल पाठों में यह कहा गया होगा कि कुछ निश्चित कार्य प्रतिबंधित हैं, जबकि उच्चतर मूल पाठों में यह कहा होगा कि वही कार्य स्वीकार्य हैं। आप इन सब बातों के संबंध में जितना अधिक जानेंगे उतनी ही सरलता से एक निश्चित स्थिति में क्या करना है, यह जान पाएँगे।

6. मैंने जिसको लाभ पहुँचाया है और जिससे मुझे बड़ी आशाएँ हैं, जब वह मुझे अत्यधिक हानि पहुँचाता है तो उसे अपना पवित्र गुरु

मानकर व्यवहार करूँगा।

सामान्यत: जिस व्यक्ति की हमने बहुत सहायता की हो, उससे अपेक्षा रखते हैं कि वह कृतज्ञ हो, और जब उसका प्रतिफल वह कृतघ्नता में देता है तो हमारे क्रोधित हो जाने की संभावना बन जाती है। ऐसी स्थिति में हमें क्रोधित नहीं होना चाहिए, बल्कि इसके स्थान पर धैर्य रखना चाहिए। इसके अतिरिक्त, हमारे धैर्य की परीक्षा लेने के लिए इस व्यक्ति को अपना गुरु मानकर उनका आदर करना चाहिए। इस कविता में धैर्य पर 'बोधिचर्यावतार' की सभी शिक्षाएँ सम्मिलित हैं।

7. संक्षेप में, प्रत्यक्ष एवं अप्रत्यक्ष दोनों रूपों, अपनी सभी माताओं को सभी लाभ और आनंद अर्पण करता हूँ। मैं उनके दुष्कृत्यों और दुःखों को स्वयं पर लेने का व्यवहार करूँगा।

यह गहरी संवेदना और प्रेम से प्रेरित होकर दूसरों के सभी दुःखों को स्वयं पर लेने और अपनी खुशियाँ उन्हें देने के व्यवहार की ओर संकेत करता है। हम आनंद चाहते हैं, दुःख नहीं चाहते तथा यह देख सकते हैं कि अन्य सभी प्राणी ऐसी ही भावना रखते हैं। हम यह भी देख सकते हैं कि अन्य प्राणी दुःखों से दबे हुए हैं; परंतु नहीं जानते कि उनसे छुटकारा कैसे पाएँ। इसलिए हमें उनके सभी दुःखों और उनके नकारात्मक कर्मों को ग्रहण करने और उनके दुष्कर्म उसी समय हमारे हिस्से में आ जाएँ, ऐसी प्रार्थना करने का संकल्प उत्पन्न करना चाहिए। इसी प्रकार, यह भी स्पष्ट है कि अन्य प्राणी आनंद से वंचित हैं और वे नहीं जानते कि वह कैसे प्राप्त होगा। इसलिए बिना कंजूसी किए हमें अपनी सारी खुशियाँ—हमारा तन, धन, योग्यताएँ—उन्हें अर्पित कर देना चाहिए और प्रार्थना करनी चाहिए कि इसका लाभ उन्हें तुरंत मिले।

निस्संदेह इस बात की संभावना नहीं है कि दूसरों के दुःखों को ग्रहण कर सकें और अपनी खुशियाँ उन्हें दे सकें। प्राणियों के मध्य इस प्रकार का हस्तांतरण जब भी घटित होता है, वह भूतकाल के कुछ सशक्त, अविच्छिन्न कार्मिक संबंधों के परिणाम से होता है। फिर भी, हमारे मानसिक साहस को

सशक्त करने के लिए यह चिंतन एक शक्तिशाली माध्यम है और इसीलिए यह एक अत्यंत लाभदायक साधना है।

'सात बिंदुओंवाले विचारों का रूपांतरण' में यह कहा गया है कि लेने व देने की साधना को बारी-बारी से करना चाहिए और उन्हें श्वासों पर सवार कर देना चाहिए। और यहाँ लांगरी तांगपा कहते हैं कि ये क्रियाएँ गुप्त रूप से करनी चाहिए। 'बोधिचर्यावतार' में जैसी व्याख्या की गई है, यह साधना आरंभक बोधिसत्त्वों के मनों के लिए उपयुक्त नहीं है—यह कुछ चुने हुए साधकों के लिए है। इसीलिए इसे गुप्त कहा जाता है।

बोधिचर्यावतार के आठवें अध्याय में शांतिदेव कहते हैं, '…यदि दूसरों के लिए मैं स्वयं को हानि पहुँचाता हूँ तो मुझे वह सब मिलेगा जो शानदार है।' दूसरी ओर नागार्जुन कहते हैं कि व्यक्ति को अपने शरीर का दमन नहीं करना चाहिए। इसलिए स्वयं को हानि पहुँचाने से शांतिदेव का क्या तात्पर्य है?

इसका अर्थ यह नहीं है कि आपको अपने सिर पर प्रहार करना है या ऐसा ही कुछ। शांतिदेव कह रहे हैं कि जब कभी मन में दुर्दमनीय स्वानुरागी भाव जागते हों, आपको स्वयं से बलपूर्वक तर्क करना होगा और उन भावनाओं को वश में करने के लिए शक्ति का प्रयोग करना होगा। दूसरे शब्दों में, आपको अपने आत्ममुग्ध मन को हानि पहुँचाना है। आपको 'मैं' जो केवल स्वयं के कल्याण की परवाह करता हो और 'मैं' जो प्रबुद्ध बननेवाला है, दोनों में स्पष्ट रूप से भेद करना होगा—दोनों में बड़ा अंतर है। आपको बोधिचर्यावतार की इस कविता को उसके पूर्व और पश्चात् की कविताओं के संदर्भ में देखना होगा। विभिन्न तरीके हैं जिनसे 'मैं' पर चर्चा की जाती है। 'मैं' की सच्ची पहचान का मोह, आत्ममुग्ध 'मैं', दूसरों के दृष्टिकोण से तथ्यों को देखने में हम जिसका साथ लेते हैं, ऐसा 'मैं' इत्यादि। 'स्व' पर की गई चर्चाओं को अपने इन भिन्न संदर्भों में देखना है।

अस्तित्व के तीन क्षेत्रों के दुःखों को स्वयं ग्रहण कर लेना हमारे लिए उपयुक्त होगा। यदि ऐसा करने से दूसरों को, चाहे एक ही सचेतन प्राणी को

लाभ पहुँचता हो या फिर किसी नरक में जाएँ; हममें ऐसा करने का साहस होना चाहिए। सचेतन प्राणियों के हितार्थ प्रबोधन प्राप्त करने के लिए हमें एक निकृष्ट नरक में युगों तक सहर्ष रहने के लिए भी तत्पर रहना चाहिए। दूसरों को होनेवाली क्षति को अपने सिर लेने का यही अर्थ है।

निकृष्ट नरक में जाने के लिए हमें कौन सा कर्म चुनना होगा?

व्यक्ति को स्वयं में इतना साहस विकसित करना होगा कि वह किसी नरक में जाने के लिए तैयार रहे—इसका अर्थ यह नहीं है कि आपको सचमुच वहाँ जाना है। जब कदंपा गेशे चेकवा मरणासन्न थे, उन्होंने अकस्मात् अपने शिष्यों को बुलाकर उन्हें अपने लिए विशेष आहुति, धर्मानुष्ठान और प्रार्थना आयोजित करने के लिए कहा, क्योंकि उनकी साधना निष्फल हो गई थी। शिष्य परेशान थे, क्योंकि उन्हें लगा कि कोई भयंकर घटना होनेवाली है। तथापि गेशे ने समझाया कि यद्यपि दूसरों के हित के लिए उन्होंने विभिन्न नरकों में जन्म लेने के लिए सारा जीवन प्रार्थना की, अब उन्हें स्पष्ट दिखाई दे रहा है कि क्या होने वाला है—वे नरक के स्थान पर एक पवित्र भूमि पर पुनः जन्म लेने वाले हैं। इसी तरह, यदि हम दूसरों के लाभार्थ निम्नतम क्षेत्रों में पुनः जन्म लेने की गहरी एवं निष्ठापूर्ण आकांक्षा रखें तो हम भारी मात्रा में योग्यता अर्जित कर लेंगे, जो विपरीत परिणाम लाती है।

इसी कारण मैं हमेशा कहता हूँ, यदि हमें स्वार्थी बनना है तो बुद्धिमानी से स्वार्थी बनना चाहिए। सच्ची या संकुचित स्वार्थता हमें नीचे ले जाती है; बुद्धिमान स्वार्थता हमें बुद्धत्व उपलब्ध कराती है। वह सचमुच बुद्धिमानी है। दुर्भाग्य से हम सामान्यतः बुद्धत्व पर आसक्त हो जाते हैं। शास्त्रों में हमें यह ज्ञान होता है कि बुद्धत्व प्राप्त करने के लिए हमें बोधिचित्ता की आवश्यकता होती है, और उसके बिना हम प्रबुद्ध नहीं बन सकते। अतः हम सोचते हैं—'मैं बुद्धत्व चाहता हूँ, इसलिए मुझे बोधिचित्ता का व्यवहार करना है।' हमें बोधिचित्ता की उतनी परवाह नहीं है जितनी बुद्धत्व की है। यह सर्वथा भ्रांतिपूर्ण है। हमें इसका उलट करना चाहिए—अपने स्वार्थी प्रयोजन को भूल जाइए और सोचिए कि वास्तव में दूसरों की सहायता कैसे करें। यदि हम

नरक में जाते हैं तो न हम दूसरों की सहायता कर पाएँगे और न अपनी। हम सहायता कैसे कर सकते हैं? केवल उन्हें कुछ देकर या चमत्कार दिखाकर नहीं, बल्कि धर्म की शिक्षा देकर। तथापि उससे पूर्व हममें शिक्षा देने की योग्यता होनी चाहिए।

यहाँ हम संपूर्ण मार्ग की व्याख्या नहीं कर सकते; उन सभी साधनाओं और अनुभवों से एक व्यक्ति को प्रथम चरण से अंतिम प्रबोधन तक गुजरना होता है। क़दाचित् अपने अनुभव से हम कुछ आरंभिक चरणों की व्याख्या कर सकते हैं, परंतु इससे अधिक नहीं। दूसरों को प्रबोधन के संपूर्ण मार्ग पर साथ ले जाने के द्वारा उनकी सहायता करने के लिए हमें पहले स्वयं को प्रबुद्ध करना होगा। इसी कारण, हमें बोधिचित्त की साधना करनी चाहिए। यह हमारी सामान्य विचार-प्रणाली से भिन्न है, जहाँ अपने प्रबोधन के स्वार्थी प्रयोजन के कारण हमें दूसरों के संबंध में सोचने और अपना हृदय उन्हें समर्पित करने के लिए बाध्य होना पड़ता है। इस तरह से कार्य करना मिथ्याचार है।

मैंने एक पुस्तक में पढ़ा कि मात्र धर्माचरण से हम अपने संबंधियों की नौ पीढ़ियों को नरक में पुनः जन्म लेने से रोक सकते हैं। क्या यह सत्य है?

यह एक प्रकार का छोटा सा विज्ञापन है। वास्तव में यह संभव है कि ऐसा कुछ हो सकता हो; परंतु सामान्यतः यह इतना सरल नहीं है। उदाहरण के लिए, 'ओम मणि पदमे हम' के पाठ और उसकी शक्ति को सभी सचेतन प्राणियों के लाभार्थ शीघ्र बुद्धत्व प्राप्त करने में समर्पित करने को ही लें। हम यह नहीं कह सकते कि केवल मंत्रोच्चार से हम शीघ्र बुद्धत्व प्राप्त कर लेंगे; परंतु हम यह कह सकते हैं कि इस तरह का अभ्यास प्रबोधन में अंशदायी के रूप में कार्य कर सकता है। इसी प्रकार, हमारा धर्माचरण स्वयं हमारे संबंधियों को भले ही निम्न स्तरीय पुनर्जन्म से बचा न सके, वह एक अंशदायी कारक के रूप में कार्य करेगा। यदि ऐसा नहीं होता, यदि हमारी साधना दूसरों द्वारा अनुभूत परिणाम का प्रमुख कारण होती तो वह कर्मफल के सिद्धांत, कारण-

कार्य संबंध के विरुद्ध होता। तब तो हम बस बैठकर विश्राम करते और सभी बुद्ध और बोधिसत्त्व हमारे लिए सबकुछ कर देते; अपने कल्याण का कोई भी उत्तरदायित्व हमें न लेना पड़ता।

तथापि, संपूर्णतः प्रबुद्ध आत्मा गौतम बुद्ध ने कहा कि वे केवल धर्म की शिक्षा दे सकते हैं, दुःखों से मुक्ति का मार्ग दिखा सकते हैं; यह हम पर निर्भर है कि उसे व्यवहार में लाएँ—इस उत्तरदायित्व से उन्होंने अपने हाथ धो लिये। बौद्ध धर्म हमें यह सिखाता है कि कोई रचयिता नहीं है और हमें सबकुछ स्वयं रचना है, इसीलिए हम स्वयं अपने स्वामी हैं—कारण-कार्य संबंध के नियम की सीमा में। और कर्मफल का यह सिद्धांत हमें यह सिखाता है कि यदि हम अच्छे कर्म करेंगे तो अच्छे परिणाम अनुभव करेंगे; यदि हम बुरे कर्म करेंगे तो दुःखों का अनुभव करेंगे।

हम धैर्य कैसे विकसित कर सकते हैं?

उसकी कई पद्धतियाँ हैं। कर्मफल के नियम का ज्ञान और उसमें विश्वास धैर्य उत्पन्न करता है। आप अनुभव करते हैं, 'मैं जो यह दुःख भोग रहा हूँ, वह पूर्णतः मेरा दोष है, भूतकाल में किए कर्मों का फल। चूँकि मैं इससे बच नहीं सकता, मुझे इसके साथ ही जीना होगा। तथापि यदि मैं भविष्य में दुःखों से बचना चाहता हूँ तो ऐसा करने के लिए धैर्य जैसे सद्गुणों का विकास करना होगा। इन दुःखों से व्यथित या क्रोधित होने से केवल बुरे कर्मों में वृद्धि होगी, जो भावी दुर्भाग्य का कारण बनेगा।' धैर्यपूर्ण आचरण का यह एक मार्ग है।

आप शरीर के नैसर्गिक दुःखमय स्वभाव पर भी चिंतन कर सकते हैं। यह शरीर और मन सभी प्रकार के दुःखों का आधार है—'यह स्वाभाविक है और किसी तरह भी अनपेक्षित नहीं है कि दुःख इनसे उपजते हैं।' इस प्रकार का ज्ञान धैर्य के विकास में सहायक है। 'बोधिचर्यावतार' में जो कुछ कहा गया है उसे आप स्मरण कर सकते हैं—

ऐसी किसी बात पर दुःखी क्यों हो,
जिसका समाधान संभव है?

और ऐसी किसी बात से दुःखी होने का लाभ क्या,

जिसका समाधान ही न हो?

यदि आपके दुःख दूर करने का कोई उपाय या अवसर हो तो आपको चिंता करने की आवश्यकता ही नहीं। यदि आप उस संबंध में कुछ भी करने में असमर्थ हैं, उसकी चिंता आपकी कोई सहायता नहीं कर सकेगी। यह अति सरल और स्पष्ट बात है।

आप क्रोधित होने की हानियों और धैर्यपूर्ण आचरण के लाभों पर भी विचार कर सकते हैं। हम मनुष्य हैं—विचार क्षमता और विवेक हमारे अच्छे गुणों में सम्मिलित हैं। यदि हम धैर्य खो दें और क्रोधित हो जाएँ तो उचित निर्णय करने की क्षमता खो देते हैं और इस तरह समस्याओं के समाधान का एक शक्तिशाली उपकरण, अपनी बुद्धिमत्ता, भी खो देते हैं। यह एक ऐसा गुण है जो पशुओं में नहीं है। यदि हम धैर्य खो दें और चिड़चिड़े हो जाएँ तो हम इस मूल्यवान् उपकरण को हानि पहुँचा रहे होंगे। हमें यह स्मरण रखना चाहिए—मन में साहस और संकल्प के लिए धैर्य के साथ दुःखों का सामना करना अति उत्तम है।

हम अपने सद्गुणों के यथार्थपूर्ण बोध के साथ विनम्र कैसे रह सकते हैं?

आपको अपनी क्षमताओं पर आत्मविश्वास और अभिमान होने में भेद करना होगा। आप में जो भी सद्गुण या क्षमताएँ हैं, उनपर आत्मविश्वास होना चाहिए और साहसपूर्वक उनका उपयोग भी होना चाहिए; परंतु उनपर अभिमान नहीं होना चाहिए। विनम्र होने का अर्थ सर्वथा अकुशल और असहाय होना नहीं है। अभिमान के उलट विनम्रता विकसित की जाती है; परंतु हममें जो भी सद्गुण हैं, उनका संपूर्णता से उपयोग होना चाहिए।

व्यक्ति में बड़ी मात्रा में साहस और शक्ति होना उत्तम है, परंतु उनका बखान नहीं करना चाहिए और न ही उनका प्रदर्शन करना चाहिए। और फिर आवश्यकता होने पर जो बात सही है उसके लिए उठ खड़ा होने और वीरता से लड़ने के लिए उसे तत्पर रहना चाहिए; इसे पूर्णता कहते हैं। कोई व्यक्ति

इनमें से कुछ गुणों का स्वामी है तथा वह सब जगह अपनी महानता का बखान करता है; किंतु आवश्यकता होने पर पीछे हो जाता है, उपर्युक्त से सर्वथा विपरीत है। पहला व्यक्ति साहसी है, परंतु अभिमानी नहीं; दूसरा अभिमानी है, परंतु भीरु नहीं।

8. आठ (सांसारिक) धर्मों के अंधविश्वासों से अकलंकित इन सभी (साधनाओं) के साथ, सभी धर्मों को भ्रामक समझकर, बिना लोभ के (सभी सचेतन प्राणियों को) बंधनों से मुक्त करने का व्यवहार करूँगा।

यह कविता बुद्धिमत्ता से संबंधित है। पूर्व में की गई साधनाएँ आठ सांसारिक धर्मों के अंधविश्वासों से कलंकित नहीं होनी चाहिए। ये आठ श्वेत, श्याम और मिश्रित कहे जा सकते हैं। यह कविता व्याख्या करती है कि ये साधनाएँ सत्य अस्तित्व—आठ धर्मों के अंधविश्वास—से संलग्नता की भ्रांत अवधारणा से कलंकित हुए बिना की जानी चाहिए। कोई साधक अपनी साधना को इस प्रकार कलंकित होने से कैसे बचा सकता है? सभी सत्ताओं को अवास्तविक मानकर और सत्य अस्तित्व से असंलग्न रहकर। इस तरह साधक बंधनों की संलग्नता से मुक्त हो जाता है।

'मायावी' या अवास्तविक शब्द के अर्थ की व्याख्या इस प्रकार है—विभिन्न वस्तुओं—जहाँ वे प्रकट होती हैं—के किसी पहलू में सत्य अस्तित्व का आभास होता है; परंतु वास्तव में वहाँ कोई सत्य अस्तित्व नहीं होता। सत्य अस्तित्व का आभास होता है, परंतु वहाँ कुछ नहीं है—वह एक माया या भ्रांति है। यद्यपि प्रत्येक सत्ता सच्ची सत्ता प्रतीत होती है, वह सत्य अस्तित्व से वंचित होती है। यह देखना कि वस्तुएँ वास्तविक सत्ता से रिक्त हैं—यद्यपि वास्तविक सत्ता का आभास होता है, परंतु वह होती नहीं, यह भ्रामक है—व्यक्ति को रिक्तता के अर्थ की निश्चित समझ होनी चाहिए—एक प्रत्यक्ष वस्तु की वास्तविक रिक्तता। प्रथम, व्यक्ति को यह निश्चित ज्ञान होना चाहिए कि सभी घटनाएँ वास्तविक सत्ता से रिक्त होती हैं। फिर बाद में वह जिसका एक निरपेक्ष स्वभाव है, वास्तविक सत्ता के रूप में दिखाई देता है। तब वास्तविक अस्तित्व की पूर्ण अनुपस्थिति के पूर्व निर्धारण को स्मरण

करके व्यक्ति सत्य अस्तित्व को नकार देता है। जब कोई इन दोनों—सत्य अस्तित्व का दिखाई देना और जैसी पूर्व में अनुभव की गई उसकी रिक्तता—को साथ रखता है तो उसे घटनाओं की भ्रामकता का ज्ञान होता है।

उपर्युक्त व्याख्या के पश्चात् वस्तुएँ किस प्रकार भ्रामक दिखाई देती हैं, इसकी पृथक् व्याख्या आवश्यक नहीं है। यह मूल पाठ केवल रिक्तता पर चिंतन से पूर्व की साधनाओं की व्याख्या करता है। गुह्य समाज तंत्र जैसी तांत्रिक शिक्षाओं में जो कुछ मायावी या भ्रामक कहलाता है, वह संपूर्णतः पृथक् है। इस कविता में जो कुछ भ्रामक कहलाता है, उसे पृथक् रूप से दरशाना आवश्यक नहीं है। अतः जिसका एक निरपेक्ष स्वभाव है उसका वास्तविक अस्तित्व एक नकारने योग्य घटना है और उसे नकारा जाना चाहिए। वस्तुओं का भ्रामक दर्शन अप्रत्यक्ष रूप से घटित होता है—वे वास्तविक अस्तित्ववान् प्रतीत होते हैं, परंतु वे ऐसे नहीं हैं।

एक वस्तु जो अप्राप्य हो और जिसका केवल एक आरोपित अस्तित्व हो, वह क्रियाशील कैसे हो सकती है?

वह अति कठिन है। यदि आपको यह ज्ञान हो जाए कि कर्ता और क्रिया उनके परस्पर-निर्भर आरंभन के कारण अस्तित्व में हैं तो पर-निर्भर आरंभन में रिक्तता प्रकट हो जाएगी। यह समझना सबसे कठिन है।

यदि आपने अपने अंतर्निहित अस्तित्व को ठीक से समझ लिया है तो अस्तित्ववान् वस्तुओं का अनुभव स्वयं बोलेगा। वे स्वभाव से अस्तित्ववान् हैं, तर्क यह झुठला चुका है और इस तर्क से आप संतुष्ट हो सकते हैं कि वस्तुएँ अंतर्निहित रूप से अस्तित्व में नहीं होतीं—ऐसा कोई उपाय नहीं कि वे हो सकें। फिर भी वे निश्चित रूप से अस्तित्व में हैं, क्योंकि हम उनका अनुभव करते हैं कि वे कैसे अस्तित्व में हैं!—केवल नाम की शक्ति से। यह नहीं कहा जा रहा कि उनका अस्तित्व ही नहीं है; यह कभी नहीं कहा गया कि वस्तुओं का अस्तित्व नहीं है। कहा यह जा रहा है कि वे नाम की शक्ति से अस्तित्व में हैं। यह एक कठिन बिंदु है; एक ऐसी बात है, जिसे आप धीरे-धीरे अनुभव से समझेंगे।

प्रथम, आपको यह विश्लेषण करना है कि वस्तुएँ सचमुच अस्तित्व में हैं या नहीं, उन तक आप पहुँच सकते हैं या नहीं—आप उन तक नहीं पहुँच सकते। परंतु यदि हम कहें कि उनका अस्तित्व ही नहीं है, तो यह एक गलती होगी, क्योंकि हम उनको अनुभव करते हैं। हम तर्क से यह सिद्ध नहीं कर सकते कि वे वस्तुएँ ऐसी हैं, जिन तक हम पहुँच सकें; परंतु हम अपने अनुभव से जानते हैं कि उनका अस्तित्व है। इस तरह हम एक निश्चित निष्कर्ष पर पहुँच सकते हैं कि उन वस्तुओं का अस्तित्व है। अब, यदि उनका अस्तित्व है तो दो उपाय हैं, जिनसे उनका अस्तित्व हो सकता है—या तो वे स्व आधारित हों या अन्य कारकों के नियंत्रण में हों अर्थात् वे पूर्णतः स्वतंत्र हों या पर-निर्भर। क्योंकि तर्क किसी वस्तु के स्वतंत्र अस्तित्व का खंडन करता है, उनका अस्तित्व पर-निर्भरता से ही हो सकता है।

अपने अस्तित्व के लिए वस्तुएँ किस पर निर्भर होती हैं? वे उस आधार पर निर्भर होती हैं जो चिह्नित या नामित है। और उस विचार पर, जो एक पहचान या नाम देता है। यदि खोजने पर वे मिल जाएँ, उनका अस्तित्व उनके स्वभाव के अनुसार होगा और ऐसे माध्यमिक शास्त्र, जो कहते हैं कि वस्तुएँ अपने स्वभाव से अस्तित्व में नहीं होतीं, गलत होगा। तथापि जब आप खोजें तो वे वस्तुएँ आपको मिलेंगी नहीं। आपको जो वस्तु मिलेगी, वह अन्य कारकों के नियंत्रण में होगी और कथित रूप से केवल नाम में अस्तित्ववान् होगी। 'केवल' शब्द किसी वस्तु को पृथक् कर देने का द्योतक है। यह नहीं कहा जा रहा है कि उनके नाम के सिवाय उन वस्तुओं का कोई अर्थ नहीं है या नाम के सिवाय उनका जो अर्थ है, वह एक वैध मन का विषय नहीं है। वह जिस तथ्य को पृथक् करता है—वह वस्तु अपने अस्तित्व के लिए अपने नाम की शक्ति के सिवाय किसी अन्य कारक पर निर्भर करती है। वस्तुएँ केवल अपने नाम की शक्ति से अस्तित्ववान् होती हैं; परंतु उनमें अर्थ होता है, और वह अर्थ एक वैध मन का विषय होता है। लेकिन वस्तुओं का स्वभाव ही कुछ ऐसा है कि वे बस अपने नाम की शक्ति से अस्तित्ववान् होती हैं।

इसका और कोई विकल्प नहीं है, केवल नाम की शक्ति है। इसका

अर्थ यह नहीं कि नाम के सिवाय उसमें कुछ भी नहीं। वह वस्तु है, उसका एक अर्थ है, एक नाम है। अर्थ क्या है? अर्थ का अस्तित्व भी केवल नाम से है।

क्या चित्त ऐसा कुछ है जिसका अस्तित्व हो या वह भी एक भ्रम है?

एक ही बात है। प्रासंगिक माध्यमिक, सर्वोच्च, सबसे मूल्यवान् दृष्टिकोण के अनुसार चाहे वह एक बाह्य वस्तु हो या आंतरिक चेतना, जो उसका बोध करती है, एक ही बात है—दोनों का अस्तित्व नाम की शक्ति से है। दोनों में से कोई भी वास्तविक रूप से अस्तित्ववान् नहीं है। विचार का अस्तित्व केवल नाम में है; रिक्तता, बुद्ध, अच्छा, बुरा, उदासीन सभी का। सभी का अस्तित्व केवल नाम की शक्ति से है।

जब हम कहते हैं कि 'केवल नाम', तो इसको समझने का इसके सिवाय कोई उपाय नहीं है कि इसका अर्थ यह लगाया जाए कि वह नाम के सिवाय सभी अर्थों को विलुप्त कर देता है। यदि आप एक वास्तविक व्यक्ति और एक काल्पनिक व्यक्ति को लें तो इस अर्थ में वे दोनों समान हैं कि दोनों का अस्तित्व केवल उनके नाम से है, परंतु दोनों में एक भिन्नता है; जो कुछ अस्तित्व में है और जो कुछ नहीं है, वह केवल नामित है; परंतु केवल नाम से कुछ वस्तुएँ अस्तित्व में हैं और कुछ नहीं हैं।

चित्तमात्र मत के अनुसार, बाह्य वस्तुएँ अंतर्निहित रूप से अस्तित्ववान् प्रतीत होती हैं; परंतु वास्तव में वे बाह्य, अंतर्निहित अस्तित्व से रिक्त हैं। वह चित्त ही है, जिसका वास्तव में अस्तित्व है। मैं समझता हूँ कि बौद्ध सिद्धांतों के संबंध में अभी के लिए इतना पर्याप्त है।

'चित्त' और 'चेतना' क्या समानार्थक शब्द हैं?

तिब्बती भाषा में दोनों में भेद है; परंतु यह कहना कठिन है कि अंग्रेजी शब्द भी वही अर्थ रखते हैं। जहाँ 'चित्त' प्राथमिक चेतना की ओर संकेत करता है, वह कदाचित् 'चेतना' का समानार्थी शब्द है। तिब्बती भाषा में

'बोध' एक सामान्य शब्द है और उसे प्राथमिक चेतना एवं (द्वितीयक) मानसिक कारक में वर्गीकृत किया गया है। इन दोनों का और भी वर्गीकरण किया गया है। इसके अतिरिक्त, जब हम बोध की बात करते हैं तो बोध मानसिक और इंद्रियगम्य दोनों प्रकार का हो सकता है। मानसिक बोध के, उनकी स्थूलता एवं सूक्ष्मता के स्तरों के अनुसार, और भी कई उपवर्ग हैं। यह कहना कठिन है कि अंग्रेजी शब्द हू-ब-हू उसी अर्थ की ओर संकेत करते हैं जो तिब्बती शब्दों का है।